MOLIÈRE

L'AVARO

Introduzione, prefazione, traduzione e note di
SANDRO BAJINI

Garzanti

I edizione: maggio 1991
XVIII edizione: marzo 2020

Per essere informato sulle novità del Gruppo editoriale Mauri Spagnol visita:
www.illibraio.it

Traduzione dal francese di
Sandro Bajini

Titolo originale dell'opera:
L'avare

ISBN 978-88-11-81092-6

Printed in Italy

www.garzanti.it

Molière

la vita

profilo storico-critico
dell'autore e dell'opera

guida bibliografica

prefazione

Molière in un'incisione da un dipinto di Pièrre Mignard.

Dalla nascita alla conquista di Parigi

La vita di Molière incomincia con un equivoco: la prima registrazione del suo arrivo nel mondo, l'atto di battesimo, è una sorta di preannuncio del suo destino comico. Il 15 gennaio 1622, nella chiesa di Sant'Eustachio, a Parigi, il tappezziere Jean Poquelin, di venticinque anni, fa battezzare il figlioletto (gli era nato, verosimilmente, non molti giorni prima: uno? due?); ma, sia stata la dimenticanza di un padre felice o la sbadataggine di un parroco negligente, il futuro Molière viene registrato con lo stesso nome del padre, Jean semplicemente, mentre sarà poi chiamato Jean-Baptiste, secondo una tradizione familiare: il nonno, suo padrino al fonte, era un Jean-Louis.

La famiglia e gli studi

I Poquelin sono tappezzieri da tre generazioni; anche la madre di Jean-Baptiste è figlia di tappezzieri, ciò che per i Poquelin non significava esercitare un umile artigianato ma avere una fiorente bottega nel quartiere delle Halles e commerciare in stoffe da parati. Per dirne una, il duca di La Rochefoucauld era loro cliente, e Jean era «tapissier du roi», carica non puramente onorifica, anche se retribuita modestamente, che comportava l'aiutare i «valets de chambre» a rifare il letto del re e a provvedere alla manutenzione delle stanze reali. Molière nasce dunque borghese, in una famiglia ricca abbastanza da metterlo in collegio dai gesuiti a Clermont, in quello che attualmente è il liceo Louis-le-Grand, e da fargli prendere la laurea in legge a Orléans. Arringhe, neanche a parlarne, pare ne abbia fatta una sola. Ma il giovane Jean-Baptiste sente il fascino del teatro, e non solo di quello. In *Elomire hypocondre*, la commedia che lo metterà in crudele satira quando sarà diventato celebre, Le Boulanger de Chalussay afferma che, ancora iscritto nell'albo degli avvocati, Jean-Baptiste si era fatto le ossa nelle piccole compagnie teatrali che i grandi ciarlatani del tempo, per meglio vendere i loro intrugli, si portavano appresso.

Tallemant des Réaux, dal canto suo, racconta nelle *Historiettes* che, innamoratosi di un'attrice, l'avvocato Poquelin la seguì, unendosi alla compagnia: la compagnia era quella dei Béjart e l'attrice era Madeleine Béjart, che sarà sua compagna, se non sua amante, per sempre.

Gli anni di pellegrinaggio

A ventun anni Jean-Baptiste Poquelin fonda coi Béjart un nuovo teatro: l'Illustre Théâtre. Evidentemente è già un attore, se non finito, almeno in grado di dire la sua, visto che un anno dopo ha già assunto il nome d'arte di Molière. Con l'Illustre Théâtre, Molière recita tragedie, in particolare di Tristan l'Hermite, che Giovanni Macchia definisce il più notevole fra i poeti minori della prima metà del Seicento. Ma gli affari vanno male e i debiti raggiungono vette insopportabili. Molière, per prestigio e beni familiari, era l'unico che potesse garantire i prestiti; ed è lui che, su richiesta dei creditori, conosce, in due occasioni e sia pure per pochi giorni, le prigioni parigine.

Dopo due soli anni l'Illustre Théâtre si scioglie e Molière, con una piccola schiera di sopravvissuti, va ramingo per la Francia a dare spettacoli. Sono tredici anni di dura gavetta, durante i quali egli affina le proprie qualità interpretative e scrive le sue due prime commedie: *L'étourdi* (Lo sventato) e *Le dépit amoureux* (Il dispetto amoroso). Una protezione, accordatagli dal principe di Conti, gli viene presto tolta. Le ragioni sono oscure: la conversione del principe non sembra giustificare la sua ostilità. Molière conosce, col suo primo mecenate, anche il suo primo grande nemico.

L'arrivo a Parigi e i primi successi

Il 1658 è un anno decisivo: in ottobre la compagnia arriva a Parigi e recita davanti al re *Nicomède* di Corneille, che Molière aveva incontrato nel maggio precedente, in occasione della sosta della compagnia a Rouen. Il successo non sembra folgorante. I nemici di Molière sosterranno poi ch'egli non avesse talento tragico. Aveva, dicono, una voce sgradevole e il vezzo di terminare le battute con una sorta di singhiozzo. Per contro, Molière, con implacabile pervicacia, si ostinò a interpretare le tragedie di Corneille per tutta la vita.

Nell'occasione, comunque, accanto a *Nicomède*, egli recita una breve farsa, andata in seguito perduta, *Le docteur amoureux* (Il dottore innamorato), che manda in visibilio la corte. Il gioco è fatto: la compagnia ottiene la protezione del duca di Orléans, fratello unico del re, e con il titolo di «Troupe de Monsieur» prende sede stabile al Petit-Bourbon, alternandosi con i comici italiani dell'Arte. Il repertorio prevede soprattutto tragedie di Corneille; ma – che abbiano ragione i detrattori? – è la commedia che ha più successo. *L'étourdi* e *Le dépit amoureux* trionfano e nel novembre 1659 ecco *Les précieuses ridicules* (Le preziose ridicole).

«Les précieuses ridicules»

Molière mette subito le carte in tavola: abbandonando il verso alessandrino per la prosa, egli abbandona anche una certa comicità di maniera (i primi due lavori erano presi da commedie italiane) per affrontare la satira di costume. Le «preziose» parlano un linguaggio ricercato, non tanto

forbito quanto snobistico, usano un lessico di gruppo, vocaboli magari comuni ma ripetuti a sproposito, come certi avverbi che esse amano in sé e per sé: «Il nastro è ben scelto», dice Mascarillo. «Furiosamente bene», ribadisce Magdelon. Nonché il modo di parlare, anche quello di vestire si trova riflesso nello specchio della commedia; e non solo le donne ma, in attesa di ben altri aceti, anche gli uomini, i «marchesi».
La società del ventunenne Luigi XIV, fresco sposo dell'Infanta Maria Teresa, è costretta a guardarsi dentro, a sospettare dietro lo sfavillio mondano un'ombra di vuoto. Qualcuno incomincia a risentirsi. Questo Molière diverte, ma che cosa c'è dietro la sua intelligenza corrosiva e la sua abilità istrionica, che pare, a volte, tingersi di sarcasmo? Nei suoi occhi rotondi, vagamente bovini, ritratti da Pierre Mignard, balena un guizzo che impaura. L'allarme per il momento rientra, il poeta non infierisce, si gode il successo, ritorna al verso, mette a punto, o riprende, vecchie farse: *La jalousie du barbouillé* (La gelosia dell'impiastricciato) e *Le médecin volant* (Il medico volante). Egli crea, dopo il Mascarillo delle prime opere, la nuova maschera di Sganarello e con *Sganarelle ou le cocu imaginaire* (Sganarello o il cornuto immaginario) inizia il «ciclo delle corna», che tanta parte avrà nel suo teatro.

Il ciclo delle corna

È ancora troppo presto per accorgersi di tutta la drammaticità con cui Molière ride dei mariti ingannati. Nel *Cocu imaginaire* egli sostiene addirittura che l'infedeltà è spesso apparente. Gli ultimi versi, tuttavia, contengono un'ironia rivelatrice: «Vedete come una falsa apparenza può insinuare negli spiriti una falsa convinzione», dice Sganarello a tutti i mariti seduti nei palchi. «Di questo esempio ricordatevi bene, e quand'anche vedeste tutto non credete mai a niente».
Il nuovo successo (maggio 1660), sei mesi appena dopo quello delle *Précieuses*, muove o piuttosto dà nuovo alimento alla gelosia che Molière aveva suscitato nei colleghi degli altri teatri parigini, essenzialmente la compagnia dell'Hôtel de Bourgogne e quella del Théâtre du Marais. Soprattutto il primo sembrava dover sopportare la concorrenza del nuovo repertorio, che dava chiari segni di voler soppiantare, nonché il teatro «serio», la tradizionale comicità dei palcoscenici parigini, di ottima lega certo, ma fatta di altre maschere inevitabilmente usurate, come quella di Gros-Guillaume o di Jodelet.
Intanto nell'autunno del 1660 il Petit-Bourbon viene demolito e Molière trova ospitalità al Palais-Royal, in una sala che viene inaugurata col *Dépit*. Subito dopo, egli mette in scena *Dom Garcie de Navarre ou le Prince jaloux* (Don Garcia di Navarra o il Principe geloso) che aveva scritto in precedenza. È un tentativo, rimasto isolato, di

commedia eroica, sull'esempio di quelle di Corneille (*Don Sanche d'Aragon*, per esempio, che ricorda anche nel titolo). L'opera cade: non è né carne né pesce, un po' come tutte le tragicommedie, ma soprattutto fa leva sull'iterazione comica, che contrasta con la solennità dei personaggi e dell'ambientazione. Le scene di gelosia, che si ripetono come le storditaggini di Lelio nell'*Étourdi*, appartengono alla farsa ma non sono adatte a un principe di Navarra. Il meccanismo è comico ma il personaggio non vi si piega abbastanza: è trattenuto sullo sfondo.

Molière, con la mediazione del Boccaccio e di Lope de Vega, fa un immediato ritorno a Sganarello. Questa volta le corna saranno vere e ne sarà Sganarello stesso l'artefice: egli avvertirà il giovane Valerio che Isabella è molto ben disposta nei suoi confronti, gli porterà un biglietto di lei, gli darà utili consigli per la fuga a due. È *L'école des maris* (La scuola dei mariti), seconda giornata del «ciclo delle corna» e prima rivelazione della specifica poesia molieriana. Sorta di Edipo comico, prigioniero di un destino non meno crudele e non meno fatale, Sganarello precipita verso la catastrofe quanto più agisce per evitarla. Il tragico in veste di comico trova qui la sua prima consacrazione.

Il favore del re

Les fâcheux (Gli importuni) che si rappresenta nell'agosto dello stesso anno (1661), nel fastoso castello di Vaux-le-Vicompte, è un intelligente intrattenimento. Molière lo scrive in quindici giorni, per riprenderlo poi a Fontainebleau e al Palais-Royal. Nonostante l'occasionalità, il lavoro ha un successo strepitoso e duraturo, e servirà a Molière per guadagnarsi dal re (dal quale accetta consigli per le repliche) un'ulteriore preziosissima fiducia.

La rappresentazione inaugura la serie delle commedie-balletto (alla fine saranno una decina), spettacoli concepiti per occasioni straordinarie, quali le feste di corte, in cui la commedia è accompagnata da intermezzi di musica, canto, danze. In questo caso, lo sfarzo è inimmaginabile e colpisce persino La Fontaine, che canterà in poesia la memorabile serata. Lo spazio scenico è nel parco (siamo in agosto) fra «cento fiaccole accese». Nel prologo, venti getti d'acqua scaturiscono da nascosti anfratti, ed ecco apparire un'enorme conchiglia: dentro, a far da naiade e a invocare in versi le divinità acquatiche e silvestri, c'è Madeleine Béjart. Il particolare è da tener presente. La rappresentazione avviene proprio nel momento in cui il Colbert smaschera le colossali appropriazioni di colui che ha organizzato i festeggiamenti, il Sovrintendente alle Finanze (e proprietario del castello) Nicolas Foucquet, che tre mesi dopo finirà in galera, per rimanervi a vita. È l'anno in cui il Mazarino muore e Luigi incomincia a regnare senza in-

Il matrimonio

termediari. L'anno successivo segna due tappe fatali per la vita e l'arte di Molière: in febbraio egli prende moglie e nel

dicembre mette in scena *L'école des femmes* (La scuola delle mogli). I due eventi sembrano legati da un sottile, diabolico filo. Incomincia fra l'arte e la vita di Molière una drammatica interazione, che culminerà nel sarcastico equivoco del *Malato immaginario*.

Molière si era legato fin dagli anni della giovinezza, come si è visto, con Madeleine Béjart, che aveva quattro anni più di lui e con lui divise le fortune e il tetto fino alla morte. La relazione, con gli anni, subì una inevitabile corrosione, e a Molière si riconoscono, più o meno effimeri, altri amori, in particolare con due attrici della sua compagnia, peraltro regolarmente sposate: una è Cathérine Leclerc; l'altra è colei che ebbe ai suoi piedi, si può dire, tutto il grande teatro del secolo d'oro, la splendida Marquise-Thérèse Du Parc, che fece perdere la testa a Corneille prima di diventare l'amante di Racine.

Da qualche anno, tuttavia, la compagnia è venuta ad arricchirsi di una nuova attrice: giovanissima, anzi ancora adolescente, si chiama Armande e appartiene alla gloriosa schiatta dei Béjart; è venuta ad aggiungersi a Madeleine, Geneviève, Joseph e Louis. Ma chi è esattamente? Nessun biografo è mai stato in grado di dirlo con sicurezza. Quando Armande si sposa, figura nei registri come sorella minore, molto minore, di Madeleine. Ma un attore dell'Hôtel de Bourgogne, rivale di Molière, Zacharie Jacob detto Montfleury, manderà al re una denuncia nella quale si afferma che essa è figlia di Madeleine (lo si sa da una lettera di Racine all'abate Le Vasseur, nella quale peraltro si dice che Montfleury «non è per niente ascoltato a corte»). Potrebbe essere – i conti tornano – che Armande sia nata prima che la madre incontrasse Molière. Madeleine era allora l'amica di un gentiluomo di camera del duca di Orléans, che l'aveva abbandonata con una giustificazione ineccepibile: era stato condannato a morte per avere partecipato a una congiura contro Luigi XIII, e aveva pensato bene di riparare in Belgio.

Tuttavia Molière è stato, subito dopo, l'amante di Madeleine; Armande potrebbe dunque essere addirittura figlia di Molière, e in *Elomire hypocondre* lo si lascia chiaramente intendere. Sta di fatto che Molière, che ha quarant'anni, si innamora perdutamente di Armande, che ne ha diciassette. Non importa: come il suo Sganarello nel *Matrimonio per forza* (che andrà in scena di lì a due anni e che forse Molière ha già in mente), il poeta non vuole sentire ragioni, e il 20 febbraio 1662 entra incautamente nella chiesa di Saint-Germain l'Auxerrois con Armande al braccio.

Nei dieci mesi successivi, Molière non presenta alcuna nuova produzione; è già troppo impegnato, probabilmente, a pentirsi del passo compiuto. Finché il giorno di Santo

Stefano, al Palais-Royal, va in scena *L'école des femmes*, in cui non è difficile riconoscere un certo clima autobiografico.

La «querelle» della «Scuola delle mogli»

Il successo travolgente dell'*Ecole des femmes* porta con sé una «querelle» che durerà, nei suoi immediati riscontri, due anni, ma che innescherà una lotta che non sarà mai sopita completamente. Molière è chiaramente il prediletto del re, che si fa recitare due volte a corte la commedia. Questa viene replicata al Palais trentun volte prima della chiusura pasquale e trentadue dopo, senza contare le «visite» nei salotti privati. Il fuoco che covava sotto la cenere divampa.

La «morale» della commedia

L'école des femmes non ha in sé particolari elementi di scandalo: continua *L'école des maris*, non è che una variazione sul tema del marito che è causa della propria disgrazia. Il tema può considerarsi un luogo comune. Lo ha trattato ser Giovanni Fiorentino nel *Pecorone*, lo Straparola nelle *Piacevoli notti*, Scarron nella novella *La precauzione inutile*, a sua volta tratta da un racconto spagnolo. Sono gli stessi nemici di Molière che si danno da fare nella ricerca delle fonti; è loro intenzione contestare l'originalità della commedia, che non è evidentemente nel tema ma nella prospettiva con cui Molière la guarda, nella lucidità di questo sguardo che porta ogni spunto, implacabilmente, alle estreme conseguenze. È questo valicare perfidamente il limite del buon senso che scandalizza in Molière.

Il protagonista, Arnolfo, è convinto che l'infedeltà coniugale sia un frutto dell'istruzione e che i pericoli vengano essenzialmente dalle donne colte e intelligenti. Si coltiva dunque, a scopo matrimoniale, una ragazza su misura, assolutamente ingenua, perfetta incarnazione dell'insipienza. È molto meglio – afferma – una donna brutta, purché stupida, piuttosto che una donna bellissima ma molto intelligente.

Naturalmente, la precauzione non gli servirà. Tutte le donne tradiscono, quando ci sono gli estremi: le sciocche perché non capiscono e le intelligenti perché capiscono. All'amore non si mettono bavagli razionali e l'infedeltà, se ha da essere, è inevitabile. Questa è la natura umana, e l'ingenuità di Agnese appare provocatoria proprio perché riduttiva: l'onestà, volutamente, non è in gioco, né la morale. Contro l'eros non esiste l'usbergo della virtù.

Questo sembra dire, fra le righe, *L'école des femmes*, ed è un'affermazione molto lontana dall'etica corrente. Una parte della società vi si attacca, essendo già ben disposta ad attaccarvisi (non dirà poi Oscar Wilde che facciamo la morale essenzialmente alle persone che ci sono antipatiche?): le nobildonne «prudes», certi «marchesi» (si rac-

conta che il duca de La Feuillade, incontrato Molière a Versailles, gli abbia messo le mani addosso), gli attori rivali dell'Hôtel de Bourgogne, sempre più gelosi, e una zona della società letteraria, in particolare Thomas Corneille, che è un autore del Bourgogne, e più in ombra, il grande Pierre, che tuttavia l'abate d'Aubignac, teorico del teatro e suo grande nemico, accusa addirittura di essere stato il promotore dei dissensi.

Le prime ostilità

Le ostilità incominciano subito. Lo attesta Boileau, che già al primo gennaio, ossia cinque giorni dopo la «prima», indirizza a Molière le sue *Stanze*:

En vain mille jaloux esprits,
Molière, osent avec mépris
Censurer ton plus bel ouvrage:
Sa charmante naïveté
S'en va jamais d'âge en âge
Divertir la posterité.[1]

Lo stesso Boileau (*Epîtres*, VII) dice che il visconte di Broussain, indignato, era uscito dal teatro al secondo atto. Che cosa rimproverano i benpensanti a Molière? Intanto, la scena cosiddetta del «le», appunto nel secondo atto. Agnese non osa confessare ad Arnolfo che Valerio le ha preso un nastro. Reticente, ripete diverse volte l'articolo («le») senza decidersi a dire il sostantivo, e la situazione è tale che Arnolfo, e con lui la platea, non può fare a meno di pensare a un complemento oggetto di natura sessuale. La scena è senza dubbio audace, ma quante ne ha sentite di simili lo stesso pubblico dagli attori italiani?
L'altro elemento di scandalo sono le spassosissime «Massime del matrimonio, ovvero i doveri della donna maritata», che Agnese legge con soave ingenuità nel terzo atto. Qui lo scandalo nasce dal fatto che queste massime rifanno il verso ai libri di devozione, e in particolare ai *Precetti sul matrimonio* di Gregorio Nazianzeno, tradotti in quegli anni. L'accusa di empietà, dopo quella di oscenità, incomincia a farsi strada. I letterati insistono invece su questioni di scrittura: l'incongruenza di certe scene, che si svolgono poco credibilmente all'aperto, certi artifici (l'eccessiva fiducia di Arnolfo in un giovane appena conosciuto) e così via. I lamenti passano sulla stampa. Un giovane di belle speranze (ha venticinque anni, diventerà celebre come giornalista fondando il «Mercure de France»), Jean Donneau de Visé, pubblica un volume di cronache, *Nouvelles nouvelles* (Nuove notizie), e col sistema del dialogo fra personaggi di parere opposto, commenta la commedia, lasciando intendere – forse Armande si è già rivelata – che

1 Invano mille anime gelose, / Molière, osano con disprezzo / censurare la tua opera più bella: / la sua incantevole ingenuità / se ne va ormai, d'epoca in epoca / a divertire i posteri.

Molière appartiene alla confraternita dei mariti che satireggia sulla scena. Con molta sottigliezza, Donneau de Visé lancia il sasso mettendosi al riparo: «Volete sapere perché in quasi tutte le sue opere egli prende tanto in giro i cornuti e dipinge con tanta naturalezza i gelosi? Perché appartiene alla schiera di questi ultimi». Del resto anche *La fameuse comédienne*, un violento pamphlet contro Armande Béjart, comparso molti anni dopo la morte di Molière, e Grimarest, che di Molière fu uno dei primi biografi, attestano l'infedeltà più o meno precoce di Armande.

«La critique de l'Ecole des femmes»

Trascinato nella battaglia, Molière difende la sua commedia con un atto unico, *La critique de l'Ecole des femmes*, che rinfocola le reazioni, tanto più che il re concede a Molière una pensione annua di mille franchi (e il «ringraziamento» in versi del poeta è un piccolo capolavoro satirico contro i «marchesi»). I mastini si scatenano. Donneau de Visé pubblica subito una controcommedia, *Zélinde ou la veritable critique de l'Ecole des femmes, et la critique de la critique* (Zelinda o la vera critica della Scuola delle mogli, e la critica della critica). Edme Boursault lo segue con *Le portrait du peintre* (Il ritratto del pittore, dove il pittore è Molière). Boursault è un altro venticinquenne, che all'Hôtel de Bourgogne ha già dato tre commediole. Pupillo del grande Corneille, sembra addirittura che in occasione di polemiche gli faccia da prestanome. Più battagliero che geniale (scriverà più tardi un'incauta satira contro Boileau e dovrà intervenire Corneille a togliergli le castagne dal fuoco), Boursault attacca decisamente Molière: deve vendicare gli attori dell'Hôtel, di cui Molière nella *Critique* aveva fatto l'imitazione. *Le portrait du peintre* viene recitato all'Hôtel de Bourgogne e la rappresentazione è sicuramente più velenosa del testo che oggi possiamo leggere. Parodiando *Les fâcheux* (il cui ricordo non s'era spento perché le repliche continuavano), i borgognoni mettono in scena una conchiglia con dentro una naiade, mentre una canzonaccia a doppio senso (scritta però da Donneau de Visé) dice cose orrende contro la povera Madeleine Béjart. La polemica sta degenerando.

«L'impromptu de Versailles»

A mantenerla entro limiti accettabili provvede Molière stesso con la sua immediata risposta, *L'impromptu de Versailles* (L'improvvisazione di Versailles), in cui, lungi dallo scendere sul terreno personale, egli enuncia la sua arte poetica, affermando il «vero» contro la declamazione dei borgognoni. Quanto ai veleni privati, «quelle cose che non fanno ridere né gli spettatori né colui di cui si parla», egli prega gli attori dell'Hôtel de Bourgogne di evitarli: «Io abbandono loro di buon animo le mie opere, la mia figura, i miei gesti, le mie parole, il mio tono di voce e il mio modo di recitare: ne facciano e ne dicano quel che vogliono...

Ma devono farmi la grazia di lasciarmi il resto... Di tutto ciò io prego civilmente colui che si incarica di scrivere per essi, e questa è tutta la risposta che essi hanno da me».

Gli ultimi attacchi

Ma non è finita. Gli avversari vogliono avere l'ultima parola e Molière gliela lascia. È impossibile far tacere Donneau de Visé, che nel volume *Les diversités galantes* (Le diversità galanti) inserisce una *Réponse à l'Impromptu de Versailles ou la Vengeance des marquis* (Risposta all'Improvvisazione di Versailles o la Vendetta dei marchesi). Un altro giornalista, Robinet, scrive un ironico, ma in fondo sereno, *Panégirique de l'école des femmes* (Panegirico della scuola delle mogli). Gli attori dell'Hôtel de Bourgogne, non poteva essere diversamente, rappresentano un *Impromptu de l'Hôtel de Condé* (Improvvisazione dell'Hôtel de Condé), commedia scritta da Antoine Jacob, figlio dell'attore Montfleury. Si devono sfogare: Molière nel suo *Impromptu*, sia pure a scopo dimostrativo, ne aveva rifatto un'altra volta il verso.
L'anno seguente un certo Chevalier ha ancora voglia di entrare in argomento con *Les amours de Calotin* (Gli amori di Calotin) e Philippe de La Croix con *La guerre comique ou la défense de l'école des femmes* (La guerra comica o la difesa della scuola delle mogli). La polemica infine si spegne e lo si deve anche a Molière che si guarda bene dall'intervenire nuovamente. Sta andando avanti per la sua strada e non ha tempo da perdere in futilità. Non è che voglia tirare i remi in barca; al contrario va a cercarsi grane ben più gravi. Ma lo fa, dopo l'intermezzo di *Le mariage forcé* (Il matrimonio per forza), con una commedia nuova: *Le Tartuffe* (Il Tartufo).

La battaglia di «Tartufo»

Si preparano grandi feste per l'inaugurazione ufficiale della reggia di Versailles, che vengono chiamate «I piaceri dell'isola incantata», e dureranno parecchi giorni. Sono dirette dal modenese Carlo Vigarini, famoso costruttore di macchine teatrali, e comprendono torneamenti, sfilate, il «Balletto del palazzo di Alcina», commedie, fuochi d'artificio e altre «fêtes galantes». Il re incarica Lulli di comporre tutte le musiche e Molière di provvedere agli spettacoli di prosa: una novità con musiche e danze, *La princesse d'Élide* (La principessa di Elide), e repliche di *Les fâcheux* e di *Le mariage forcé*. Per Molière è il trionfo. Il re lo favorisce chiaramente, a danno dell'Hôtel de Bourgogne. D'altra parte Luigi XIV aveva già dato una testimonianza assoluta del suo favore alcuni mesi prima, tenendo a battesimo, sia pure per procura, il primo figlio – vivrà meno di un anno – di Molière e di Armande Béjart.
Al termine delle strepitose feste, che si erano prolungate oltre il termine prefissato con altri spettacoli e persino con

una lotteria, Molière invita il re – è il 12 maggio 1664 – ad assistere alla rappresentazione di *Tartufo*.

La cabala dei devoti

Benché la recita avvenga davanti alla ristretta cerchia della corte, la sollevazione è immediata. La corte, del resto, già conosceva il lavoro, almeno per sentito dire: la Compagnia del Santo Sacramento, sorta di società segreta che riuniva i clericali più oltranzisti e vantava Bossuet fra i suoi membri più autorevoli, aveva già protestato, nell'aprile precedente, non si sa su quali reali basi di conoscenza, contro la commedia. Ora la «cabale[2] des dévots», come fu chiamata, muove all'attacco. Fra gli altri, il parroco della chiesa di San Bartolomeo, Pierre Roullé, pubblica un libro di teologia, che dedica al re, aggiungendovi un'appendice dal titolo adulatorio (*Il Re glorioso al mondo, ovvero Luigi XIV, il più glorioso Re del mondo*) nella quale, con badiale soavità, sostiene che Molière («un uomo, o piuttosto un Demonio rivestito di carne e vestito da uomo»), meriterebbe, né più né meno, un «supplizio elementare e pubblico, precursore di quello dell'Inferno». Ma soprattutto si muove Hardouin de Péréfixe, arcivescovo di Parigi. Il re, consultati i teologi, ascoltata probabilmente la sua devotissima signora madre (che protegge la Compagnia del Santo Sacramento), sentita l'aria che tira, è costretto a vietare la rappresentazione pubblica della commedia.

Il Tartufo è la più grande satira che sia mai stata scritta contro l'ipocrisia, ma coinvolge la religione, le sue pratiche, i suoi fedeli; per di più, mette in scena un personaggio che veste alla devota, con gli elementi che allora caratterizzavano certi laici appartenenti a confraternite religiose, agli ordini minori. Se Tartufo non è vestito da prete, poco ci manca, e la sua ipocrisia finisce per investire tutta la categoria. Nel cielo dell'arte si perdona tutto; ma nei riflessi politici immediati che può avere una commedia, dire che un ipocrita è un devoto val quanto dire che un devoto è un ipocrita. Molière sosterrà che ha voluto colpire solo i «falsi» devoti; ma la commedia, nella sua oggettività, può avere un'altra risonanza e comunque una parte della società in quest'altro modo la intende.

La prima supplica

Al di là dell'interpretazione critica dell'opera e delle intenzioni di Molière, *Tartufo* diventa un'oggettiva linea spartiacque di due concezioni del mondo: da una parte, la Chiesa con la società che ne riconosce il magistero; dall'altra, la società libertina, nel senso allora inteso di libertà di pensiero. Non sembra casuale che il più grande difensore di *Tartufo* sia stato il Principe di Condé, noto per il suo ateismo (si confessò per la prima volta poco prima di mo-

2 *cabale*: «pratica segreta di diverse persone che perseguono lo stesso scopo e fanno un complotto insieme» (Dizionario dell'Accademia, 1694).

rire e ne parlarono tutti). Davanti al principe e a spese del principe, Molière reciterà in privato la commedia ben quattro volte: prima in casa della principessa Palatina, che del Condé era l'amante, quindi nelle dimore di lui. La leggerà peraltro anche all'accademico Montruor e nel salotto di Ninon de Lenclos. Per ora, sottopone l'opera al Cardinale Chigi, legato pontificio, nel tentativo di trovare un avallo importante alla sua affermazione di avere avuto come bersaglio la falsa devozione e non la religione. Ne ottiene un consenso di massima, che intende far valere presso il re. Ma non c'è niente da fare: la supplica che Molière invia al sovrano, in agosto, subito dopo la comparsa del libro del parroco Roullé, rimane inascoltata.
Molière abbandona per il momento l'impresa e aggiusta il tiro: modifica *Tartufo* aggiungendo altri due atti (la prima versione era in tre) e dandogli una conclusione più accomodante. Si riserva di ripresentare l'opera in migliore occasione, e nel frattempo prepara un *Tartufo* sotto mentite spoglie, che va in scena il 15 febbraio 1665: è *Dom Juan ou le festin de pierre* (Don Giovanni o il convito di pietra).

«Don Giovanni»

Don Giovanni è Tartufo che, smessi i panni del credente, rivive sotto la specie dell'ateo. Molière prende una vicenda consacrata dalla tradizione, da Tirso de Molina, dalla commedia italiana, dai contemporanei Dorimon e Villiers. Gli prepara la fine che tutti si aspettano: non è più un ipocrita devoto che vince, ma un ipocrita ateo che va all'inferno. L'elemento nuovo, nel suo don Giovanni, è l'ipocrisia. Don Giovanni non sfida il cielo in un atto a suo modo eroico, ma pensa «soltanto a ciò che ci può dare piacere», e a questo fine è disposto a giungere, come Tartufo, a qualsiasi «accomodement». È un compromesso al contrario: mentre Tartufo si concede l'eccezione del peccato carnale, don Giovanni si concede quella della devozione. «Il Cielo», dice nel quarto atto (ma non è che la ripetizione di un ritornello abituale), «ha ispirato all'anima mia il proponimento di mutar vita, e ora non ho altri pensieri che di lasciare ogni affetto mondano, di spogliarmi al più presto di tutte le vanità, e di correggere ormai con una condotta austera tutte le sregolatezze delittuose a cui m'ha spinto il fuoco d'una cieca giovinezza».
Il travestimento non serve. La società devota non viene più derisa nelle persone, ma si sente offesa nei sentimenti. Invano il diavolo si è fatto frate, e Molière, diventando a sua volta ipocrita, ha affidato la provocazione a un personaggio che, essendo ateo, deride i devoti per istituzione. Ma il linguaggio di don Giovanni non ha indulgenze e Molière non prende sufficientemente le distanze dal suo personaggio. Lo manda all'inferno ma, per così dire, senza condannarlo in proprio. Viene il sospetto che l'irrisione di don Giovanni per le cose sante sia l'irrisione di Molière

per chi crede in esse. Anche il ritorno alla prosa, che in precedenza Molière ha usato solo per le farse e per le recenti risposte della *Critique* e dell'*Impromptu*, sembra rispondere allo scopo di aumentare la forza corrosiva del discorso. Benché il poeta non lesini gli elementi farseschi, la ferocia rimane intatta in molte situazioni, e la famosa scena in cui don Giovanni invita il mendicante a bestemmiare è sconvolgente: Molière la sopprime alla seconda rappresentazione. Il sacrificio non basta, il resto dell'opera parla a sufficienza. La cabala stavolta reagisce senza rumore: decide di ignorare l'opera. L'accusa di empietà è però nell'aria e passa subito negli scritti. Un anonimo B.A. signore di R. avvocato al Parlamento (e non ha molta importanza sapere se è davvero Barbier d'Aucour), pubblica delle *Osservazioni* sull'opera che, al di là della loro tesi, costituiscono il migliore testo che sia stato scritto contro Molière in quegli anni. L'accusa è inequivocabile: «Molière ha portato l'ateismo nel teatro... Egli si prende gioco nella stessa maniera del paradiso e dell'inferno». Molière, non don Giovanni. Jules Lemaître scriverà: «In fondo (non ne so nulla ma ne sono certo), è la sua stessa incredulità che Molière presta al grande "ingannatore di Siviglia"».

Don Giovanni ottiene in verità un buon successo, ma dopo la chiusura pasquale dei teatri non viene ripreso, né lo sarà, Molière vivo, mai più. L'opera è di fatto al bando e lo attestano le edizioni a stampa, che compaiono edulcorate. La prima edizione integrale apparirà in Olanda diciassette anni dopo, con Molière nella tomba da dieci. Thomas Corneille ne aveva fatto una parafrasi in versi assolutamente inoffensiva. E ancora un secolo dopo, Carlo Goldoni (prefazione al suo *Don Giovanni Tenorio*) confessa: «Quello però che io trovo condannabile nel di lui *Festin de pierre* si è l'empietà eccedente di don Giovanni, espressa con parole e con massime che non possono fare a meno di non scandalizzare anche gli uomini più scorretti». Se il Tenorio goldoniano è in versi, lo è «per quella ragione che giudico io possa avere indotto a fare lo stesso Tommaso Cornelio. I sentimenti poco onesti, e le massime temerarie, le pericolose proposizioni, in prosa feriscono più facilmente l'orecchio degli uditori, e per dir vero non si può senza nausea leggere alcune scene di don Giovanni nel *Festin de pierre* di Molière medesimo».

Il ciclo della medicina

Dopo *Don Giovanni*, Molière comincia a pensare al nuovo ciclo, quello della medicina. Come al solito, è la vita che lo ispira. *L'amour médecin* (L'amore medico) è già una satira amara e violenta, addirittura personalizzata, dei medici e della medicina. Ma quasi a punirlo per le intenzioni, e nello stesso tempo ad aiutarlo con la concessione dell'esperienza diretta, il destino lo inchioda a letto per lungo

tempo. La tubercolosi gli sta devastando i polmoni. Molière, ricevendo i medici, avrà modo di fare amare filosofie, che incomincerà a riversare, di lì a qualche tempo, in *Le médecin malgré lui* (Il medico suo malgrado). Ma già nell'opera che sta scrivendo, *Le misanthrope* (Il misantropo), passano chiaramente una certa aura e il lessico della medicina.

«Il misantropo»

Anche *Il misantropo* è una conseguenza di *Tartufo* e dell'inimicizia della cabala. Alceste è di Tartufo l'esatto opposto, l'uomo che si distrugge in nome della verità; è Molière stesso, vittima dello stesso vizio sociale, l'ipocrisia, che si illude di poter combattere. Pervade tutta l'opera un' affascinante bivalenza, in cui si sente «la tenerezza sotto la misantropia e la misantropia sotto la tenerezza» (Lemaître). E proprio perché «atrabiliare» come il suo protagonista (la prevalenza della bile nera sugli altri umori determinava, secondo le teorie mediche dell'epoca che si rifacevano a Galeno, un carattere malinconico e intollerante), Molière riesce a fare la satira di se stesso, figura eroica ma comica, don Chisciotte consapevole che lancia contro le miserie trionfanti del mondo la sua risata di scherno.

Il misantropo è l'opera-confessione di Molière e chiude un periodo. I temporali della polemica tuttavia fanno sentire ancora cupi brontolii, sia pure nella forma più meditata di dissertazioni e di trattati. Esce postumo il *Trattato della commedia*, del principe Conti, antico protettore e da anni nemico personale di Molière, e il titolo per esteso dice già tutto sul suo contenuto: *Traité de la comédie et des spectacles selon la tradition de l'Eglise tirée des conciles et des saints-pères.* L'abate d'Aubignac, che nove anni prima aveva pubblicato la maggiore opera teorica dell'epoca sul teatro (*La pratique du théâtre*), stigmatizza ora con una *Dissertation sur la condamnation des théâtres* la degenerazione morale del repertorio.

Continua a tirare un'aria poco propizia per le avventure del teatro comico, e Molière, da buon Alceste, si ritira nel suo «désert», che poi è il palcoscenico sul quale fa semplicemente il suo mestiere.

«Il Tartufo»: seconda supplica

All'inizio del 1667, Molière va a Saint-Germain-en-Laye per le solite feste. Con la musica di Lulli, deve rappresentare una commedia, *Le sicilien ou l'amour peintre* (Il siciliano o l'amor pittore), e due opere pastorali, *Mélicerte* (Melicerta) e *La pastorale comique* (La pastorale comica). Teatro di puro passatempo: Molière sembra davvero rappacificato. Terminate le feste in quel castello, egli smette perfino di lavorare: probabilmente è aggredito da nuovi attacchi del male. In realtà, il rovello non lo abbandona ed egli medita un'uscita in campo aperto. Il 5 agosto, senza far rumore, ottenuto dal re un permesso di massima, ri-

presenta *Tartufo* nella nuova versione in cinque atti e col nuovo titolo: *L'imposteur* (L'impostore). Anche Tartufo ha cambiato nome, ora si chiama Panulfo, non è più vestito all'ecclesiastica, è un uomo di mondo con «un cappelluccio, una gran chioma, un grosso colletto, una spada e merletti nel vestito». Ci vuole altro: la cabala dei devoti, sempre vigile, non si lascia ingannare dalla patetica scappatoia. Il mattino seguente, il primo presidente del Parlamento di Parigi, Guillaume de Lamoignon (membro della Compagnia del Santo Sacramento), emana il decreto di interdizione. La seconda rappresentazione non ha luogo. Due giorni dopo, Molière invia al re un'altra supplica; ma Luigi è lontano, in Fiandra a fare la guerra, e non desidera iniziarne subito un'altra sul fronte interno con il clero e la Compagnia del Santo Sacramento. Vuole pensarci su, e tuttavia non esclude che la rappresentazione si possa fare. Gli attori La Grange e La Thorillière, che avevano portato la supplica, tornano da Lilla con buone speranze. Luigi è in lotta con la cabala perché ha delle amanti, non desidera affatto cambiare vita e non gradisce i sermoni. Si diffonde la voce che il re sta per accontentare il suo diletto Molière; la cabala previene l'evento e rinnova in anticipo la condanna. L'arcivescovo di Parigi emana subito un'ordinanza che proibisce a tutti i fedeli, pena la scomunica, di rappresentare, ascoltare, leggere *L'impostore*. Di contro, esce anonima una *Lettera sulla commedia dell'impostore*, che è un'analisi molto serena del testo, e una sua decisa difesa, tanto che sembra scritta da un molieriano che prepari il terreno. Provocatoriamente, sfidando la scomunica, il principe di Condé fa recitare la commedia nel suo Hôtel. In attesa che il sovrano ritorni, rinnovate le speranze e ritrovate le energie, Molière esce in uno strepitoso grido di vitalità artistica. In un anno (1668), scrive e mette in scena tre grandi commedie: *Amphitryon* (Anfitrione), *George Dandin ou le mari confondu* (Giorgio Dandin o il marito smascherato), e *L'avare* (L'avaro).

«Anfitrione»

Anfitrione, che si rifà a Plauto, è uno straordinario «divertissement», che con grazia impareggiabile e mescolando versi di diverso metro adombra gli amori di Luigi XIV con la Montespan. Davanti alla condotta non irreprensibile del sovrano, la Compagnia del Santo Sacramento morde il freno, ma non tanto come quando vede il vizio rappresentato sulla scena. La verità dà sempre meno fastidio della finzione e don Giovanni scandalizza più sul palcoscenico che nella società. Solo Bossuet tuona dal suo pergamo. Ma con Molière nessuno se la prende, ed è per il poeta un'altra piccola vendetta: è scandaloso mettere in satira i tartufi ma non lo è elogiare la licenziosa vita del re e con sottile ironia affermare che Luigi, quando entra nell'alcova della Montespan, è paragonabile a Giove che si nasconde sotto

le spoglie di Anfitrione. Trattandosi di Giove, la moglie di Anfitrione, accogliendolo, non fa che il suo dovere.

«George Dandin»

Con *George Dandin* Molière subisce un'autentica conversione formale: abbandona il verso quasi definitivamente; d'ora in poi, tutte le opere che scriverà, con l'eccezione delle *Femmes savantes* e di *Psyché*, saranno in prosa.

George Dandin corona trionfalmente il «ciclo delle corna»; è del Molière più agro, ma questo, allora, fu notato da pochi. La commedia, tre atti brevi, fu rappresentata la prima volta a Versailles nel corso del «Grand divertissement royal», per di più inserita nel bel mezzo di una «pastorelleria». Fu ripresa al Palais-Royal senza grande successo e senza strepito di «prudes». Solo il padre Bourdaloue, predicatore di fama e gesuita dallo sguardo attento, si accorse della carica dirompente della commedia, che tuttavia non è soltanto, come a lui sembrò, nell'infedeltà che trionfa e nella verità beffeggiata, ma nell'origine sociale di tale iniquità. La società aristocratica, a cui appartiene l'infedele Angelica, crede più alla parola indimostrata di lei che alla testimonianza oculare del «cocu». Il povero Dandin, essendo di classe inferiore, ha torto per principio: la forza del condizionamento sociale è tale da diventare convinzione interiore e vincere l'evidenza della verità. Non sono del resto molto lontani i tempi in cui Galileo non riusciva a convincere gli aristotelici di avere «visto» i satelliti di Giove. La verità ha nemici di diversa natura. Centocinquant'anni dopo, assolutizzando il momento psicologico, Stendhal farà dire a una donna scoperta dal marito in flagrante adulterio: «Non mi amate più. Credete più a quello che vedete che a quello che vi dico».

Con *L'avare* (L'avaro), altro tuffo in Plauto, Molière aggiunge un'altra perla alla sua nera visione dell'esistenza. Il mediocre successo non lo turba. Con la propria coscienza artistica è largamente in credito (il 1668 è stato un anno eccezionale) e la poca fortuna è sempre ragione di tranquillità per un artista perseguitato.

Il trionfo di «Tartufo»

È il momento di proporre per la terza volta *Tartufo*. Il re glielo consente, e come abbia fatto a convincere l'arcivescovo non si sa. La commedia viene rappresentata (5 febbraio 1669) col titolo di *Le Tartuffe ou l'imposteur* (Il Tartufo o l'impostore). Il successo, dopo tutto il parlare che se n'era fatto, è inevitabile, e Molière invia al re una «terza supplica», che è uno spiritoso ringraziamento. La commedia viene subito stampata, ed è l'edizione in cinque atti che ci è giunta. Ora il poeta sembra appagato. Scriverà ancora dei capolavori ma una certa sfida alla società è terminata; toccherà ancora gli individui e le corporazioni, massime i medici e la medicina, ma senza le grandi provocazioni ideologiche degli anni precedenti.

Le ultime opere

Per le feste di ottobre a Chambord, Molière prepara *Monsieur de Pourceaugnac* (Il signore di Pourceaugnac), commedia-balletto che può assegnarsi al «ciclo della medicina» e che per forza satirica è persino superiore al *Malato immaginario*. Commedie-balletto sono richieste anche per l'anno successivo (1670): a Saint-Germain si rappresenterà *Les amants magnifiques* (Gli amanti magnifici), satira degli astrologi; e nell'ottobre, a Chambord, *Le bourgeois gentilhomme* (Il borghese gentiluomo), in cui a fare le spese di una satira di straordinaria modernità anche formale è un borghese arricchito. Sono gli ultimi sprazzi del genio molieriano.

«Elomire hypocondre» Molière inizia gli ultimi due anni della sua vita mortale. Gli vengono avvelenati anche questi. Era uscito agli inizi del 1670 quello che diventerà il più famoso dei libelli scritti contro di lui: *Elomire hypocondre ou les médecins vengés*, una commedia in piena regola, cinque atti in versi. Il suo autore, Le Boulanger de Chalussay (ma si è fatta l'ipotesi che sotto questo nome si nasconda uno dei tradizionali nemici di Molière), non ha scritto altro, tranne una piccola «ars amandi» e un'altra commedia andata perduta. Qui si diverte a ricostruire la vita di Molière (chiamato, con un anagramma già usato da Donneau de Visé, Elomire); ne traccia un ritratto tutto ispirato alla patologia malinconico-ipocondriaca del poeta e lo diffama impietosamente avallando la voce che lo vorrebbe incestuoso marito della figlia. Molière tenta invano di impedire che la commedia venga pubblicata; di rappresentazioni, tuttavia, che sarebbero state di sicuro richiamo, non si ha notizia.

Molière ha ancora la forza di rappresentare (1672) tre lavori: *Psyché* (Psiche), *Les fourberies de Scapin* (Le astuzie di Scapino), *La comptesse d'Escarbagnas* (La contessa di Escarbagnas), di cui il secondo ha tutta l'aria di una ricerca del tempo perduto, del clima delle farse e della giovinezza. In dicembre però muore Madeleine Béjart, ed è come il segnale della catastrofe finale. Molière rappresenta *Les femmes savantes* (Le saccenti) che è un altro affondare, con maggiore felicità e ferocia, nell'atmosfera delle *Precieuses*. Ma subito entra in grave contrasto con Lulli, che aveva ottenuto l'assoluto monopolio della vita musicale. Molière perde la possibilità di disporre di un'orchestra autonoma. Dopo un'aspra battaglia legale, ottiene di avere per sé pochissimi esecutori; ma certe opere che ha scritto per la musica di Lulli rimangono interamente di proprietà del musicista. La sorte si accanisce: gli muore un altro bambino appena nato.

La fine La morte di Molière è entrata nella leggenda. Il 10 febbraio 1673 si recita per la prima volta, al Palais-Royal, *Le*

malade imaginaire (Il malato immaginario). È la sua trentesima opera teatrale, coronamento del ciclo della medicina. Il giorno 17 si effettua la quarta rappresentazione. Molière sta male ma rifiuta di interrompere le recite; non vuole privare del pane, dice, i macchinisti e i servi di scena che lavorano con lui. Ora verifica fino al limite estremo tutta la drammaticità che può comportare per l'attore il «diventare un altro». Il gioco crudele del caso lo ha costretto, malato davvero e prossimo alla morte, a dar vita a un personaggio che, suprema ironia, non soltanto non lo è ma finge di esserlo. Mai la dialettica finzione-realtà, teatro-vita, ha avuto sapore di atroce scherno come per Molière nel *Malato immaginario*. Il caso si è fatto beffa del beffeggiatore e Molière muore in una classica situazione molieriana. Proprio durante il balletto finale, quando Argante riceve, nella più spassosa delle parodie, la laurea in medicina (la Facoltà gli chiede perché l'oppio faccia dormire: «Quia est in eo virtus dormitiva», risponde Argante, e la tautologia è così perfetta che Nietzsche la citerà ad esempio in *Al di là del bene e del male*), Molière ha un accesso di tosse. Nasconde la crisi con un riso forzato e porta a termine lo spettacolo. Lo portano a casa (abita a due passi), e muore fra le braccia di due suore che aveva ospitato. Neanche la morte pone fine ai suoi guai. Il parroco di Sant'Eustachio, la stessa chiesa nella quale aveva ricevuto il battesimo, rifiuta la sepoltura. Armande deve inginocchiarsi davanti all'Arcivescovo, in disperata supplica. L'Arcivescovo consente l'inumazione nel cimitero di San Giuseppe, purché avvenga di notte e senza esequie solenni.

Molière poeta

Molière porta il teatro comico alla sua massima espressione. «Mai la scienza del comico raggiungerà più alta perfezione», dice Réné Jasinski. Se è stato tanto combattuto, è solo per la precisa opzione filosofica che la sua poesia denuncia, e perché con enorme forza satirica guarda gli uomini e la realtà, e il suo sguardo è così spietato che per amarlo dobbiamo amare il «vero» più di noi stessi. Molière non manifesta alcuna carità per l'uomo: ride dei suoi miti, che si sgretolano di fronte alle forze elementari della natura; e ride dell'uomo collettivo, della società che lo circonda, quando oppone alla natura la ragnatela delle convenzioni sociali; ma se alla società è l'individuo che si oppone, allora è l'individuo che rimane sconfitto.

La sua visione del mondo, che è «eminentemente realista o "naturalista"» (Brunetière), si realizza attraverso una particolare lente di ingrandimento, che trasfigura ogni situazione portandola al di là dei limiti del «sensus communis», con una ferocia espressiva e un gusto degli opposti che lo conducono a un'irrisione al calor bianco e carica di

sarcasmo. «Meno la realtà è degna di riso e più Molière la vede come una farsa», osserva acutamente Gustave Lanson.

Da ciò deriva che Molière non è uno scrittore allegro e per niente allegri sono i suoi temi. Osservazione comune è che nelle sue commedie si ride amaro e in quelle più alte si ride poco. Accanto all'eterodossia della sua comicità, bisogna porre l'eterodossia del suo moralismo, che è solo nella misura indiretta in cui scaturisce dalle cose e non è espressione di una sua premeditata volontà. «Molière non è più morale di un altro», ha osservato Stendhal, cui fa eco Giovanni Macchia: «Non credo che si debbano esagerare gli intenti moralistici che perseguì Molière nella composizione delle più alte – se non più belle – delle sue commedie». In verità, in quanto osservatore oggettivo della realtà, Molière si pone in una posizione induttiva che è il contrario di ogni moralismo.

Lo scetticismo di Molière

Caratteristica del teatro di Molière è la semplicità del discorso drammatico, che diventa sempre più essenziale quanto più Molière è impegnato a giudicare la natura, l'uomo, le cose. Il suo naturalismo, ricorda Brunetière, «si manifesta nella scelta dei soggetti, che diventano sempre meno complicati». Nelle sue più grandi composizioni, Molière non sente più alcuna necessità di indulgere alla «azione»: non ne ha bisogno. Egli non ha alcuna paura del teatro «raccontato» e basta ricordare *Tartufo*, i cui primi due atti sono interamente dedicati a parlare dell'ipocrita. «I racconti», dice Molière stesso nella *Critique de l'école des femmes*, «sono anch'essi delle azioni, in conformità alle caratteristiche del soggetto».

Lo scandaglio di Molière è profondamente legato alla terra; essendo spietato, è irreligioso, ed essendo irreligioso, è spietato. «Molière», dice Lanson, «ha profondamente ignorato il cristianesimo: non lo comprende». In effetti, se cristianesimo è opporsi alla natura con la forza dello spirito, Molière fa esattamente il contrario. Egli è l'erede dello spirito di Rabelais e di Montaigne e anticipa Voltaire. Réné Jasinski, dal canto suo, ricorda, oltre alle opere, una serie di sintomi rivelatori che affiorano nella vita di Molière: la sua condotta privata, intanto, e il fatto che abbia tradotto Lucrezio (autore a quei tempi considerato demoniaco), che sia stato amico intimo di un poeta «libertino» come Chapelle e di un filosofo scettico come La Mothe-le-Vayer, che abbia con Boileau e Bernier sbertucciato la Sorbona con la scherzosa *Requeste des maistres ès arts, professeurs et régents de l'Université de Paris* (1674).

Gli anatemi di Bossuet

Lo scetticismo metafisico di Molière scatenò ai suoi tempi gli anatemi di Bossuet che, nel condannare tutto il teatro (*Maximes et réflexions sur le théâtre*, 1694), accusa Molière di essere stato colui che «ha mostrato nel nostro

secolo quali siano i frutti che si possono sperare dalla morale del teatro, lasciandogli però tutta la sua corruzione». Molière, questo «rigoroso censore delle maniche a sbuffo», questo «riformatore degli atteggiamenti e delle espressioni delle nostre preziose» ha cosparso le sue opere di «empietà ed infamie», ha riempito «tutti i teatri degli equivoci più grossolani che abbiano mai infettato le orecchie dei cristiani», non esita a mostrare «i vantaggi di un'infame tolleranza verso i mariti», e «sollecita le mogli a vergognose vendette contro i loro gelosi».

Bossuet è il caso limite. Trascorso il periodo delle grandi condanne, anche un arcivescovo come Fénélon, quasi a testimoniare ancora una volta la sua insofferenza nei confronti di Bossuet, dimostra verso Molière una bonaria indulgenza, e tutto quel che gli rimprovera è di aver dato «un tocco grazioso al vizio, un'austerità ridicola e odiosa alla virtù». Per il resto, sembra più preoccupato dei difetti stilistici di Molière. Con Fénélon, del resto, «la relatività del gusto diventa segretamente il principio della critica».

Il problema della lingua

Quello delle impurità stilistiche di Molière è un luogo comune della critica nel Sei-Settecento. Aveva cominciato La Bruyère, che in mezzo alle lodi («che fuoco, che candore, che fonte di buone facezie, che imitazione del costume, che immagini e che flagello per il ridicolo») si era rammaricato perché Molière non scrive «purement» e non sa evitare «le jargon et le barbarisme».

Dopo di lui fiorirono i puristi. Vauvenargues parla di «negligenze ed espressioni bizzarre e improprie, tanto che ci sono pochi poeti, oso dire, meno corretti e meno puri di lui». Con l'Ottocento, tuttavia, si riconosce che al «vero» bisogna pure pagare uno scotto e che «anche se le negligenze abbondano, Molière malgrado tutto è uno scrittore ammirabile»; egli scrive in una lingua che non è quella della società colta ma quella «intensa, nutrita di arcaismi, di locuzioni italiane e spagnole, di modi di dire e di metafore popolari e provinciali» (Lanson). Quella dell'impurità della lingua, del resto, è un'accusa ricorrente che i letterati rivolgono agli scrittori di teatro: ne sanno qualcosa, da noi, Goldoni e Pirandello.

SANDRO BAJINI

Guida bibliografica

EDIZIONI

Quasi tutte le opere sono state pubblicate, vivente l'autore, a Parigi, presso lo stampatore Jean Ribou. Fanno eccezione *Dom Garcie de Navarre*, *L'impromptu de Versailles*, *Dom Juan*, *Mélicerte*, *Les amants magnifiques*, *La comptes-*

se d'Escarbagnas, e, naturalmente, *Le malade imaginaire* (Molière essendo morto mentre le repliche di quest'ultima opera erano ancora in corso). Nel 1666 fu pubblicata, sempre a Parigi, una prima raccolta: l'edizione comprendeva tutte le commedie scritte fino a quel momento, tranne *Le mariage forcé* (pubblicato singolarmente tre anni prima, e un'altra volta due anni dopo) e *L'amour médecin* (pubblicato a parte nello stesso anno). L'anno successivo alla morte del poeta, esce la prima edizione complessiva delle opere molieriane (1674, completata nel 1675). Essa raccoglie tutte le opere in precedenza pubblicate; manca quindi delle sette commedie già citate, che non erano state mai stampate; comprende *Le malade imaginaire*, ma in una versione mutila e scorretta. L'edizione completa di tutte le opere di Molière è del 1682 (iniziata nel '61), sempre a Parigi (Thiérry, Barbin, Trabouillet), in 8 voll., curata da La Grange, che aveva a disposizione tutti i manoscritti di Molière.

Le malade imaginaire vi compare nel testo autentico. Non però *Dom Juan*, che vede sì la luce per la prima volta ma in una versione ancora edulcorata. L'edizione è tuttavia preziosa: indica anche quali parti venivano soppresse alla rappresentazione. La versione quasi definitiva di *Dom Juan* è pubblicata l'anno successivo ad Amsterdam, in occasione di una nuova edizione di tutte le opere. Alla fine del secolo (1692-1696) compare a Lione, chez J., una ulteriore edizione delle *Oeuvres de Monsieur de Molière*.

Nel Settecento si segnalano fra le *Oeuvres complètes*: Michel, 8 voll., Paris 1710; Compagnie des Libraires, 6 voll., Paris 1734; Dumesnil, 8 voll., Paris 1739; Tourneisen, 4 voll., Basle 1741; chez Arksté et Merlin, 4 voll., Amsterdam-Leipzig 1750; Briasson, 8 voll., Paris 1753; Fickelscherr, 7 voll., Jene 1761; Libraires Associés, 6 voll., con la prefazione, la *Vie de Molière* e il *Supplément* alla stessa, di Voltaire, Paris 1773; chez J. Racine, 8 voll., Rouen 1787; Didot, 4 voll., Paris 1799.

Nell'Ottocento, tutte a Parigi: Heran, 6 voll., 1805; J.P. Gide, 6 voll., 1820; J.P. Allaud, 1821; Nelson, 6 voll., s.d.; Menard-Desenne, 8 voll., 1822; Santin, 1822; Lefèvre, a cura di L. Aimé-Martin, 8 voll., 1824-1826; Mame & C., 1825; Delaunay-Vallée, 1825; H. Fournier, 1825; Baudon, 1826; Roux-Dufort, 8 voll., 1826; Baudoin Frères, 1827; Lefèvre, 1833; L. De Bure Libraire, 1834; Paulin, con una nota di Sainte-Beuve, 2 voll., 1835-1836; J. Hetzel, con una nota di Sainte-Beuve, s.d.; Didot, 2 voll., 1851; Lefèvre et Furne, 1845; Firmin-Didot, 2 voll., 1851; Hachette, 2 voll., 1856; Garnier, 1862; Morizot-F. de Melliade-A. Laplace, 1868; Hachette, a cura di E. Despois e P. Ménard, 13 voll., 1873-1900 (l'undicesimo volume è dedicato alla bibliografia e gli ultimi due a un prezioso *Lessico della lingua di*

Molière confrontato con quello degli scrittori del suo tempo); Laplace-Sanchez 1875; Hachette, 2 voll., 1880; J. Lemonnyer-E. Testard, 16 voll., 1882-1896; Laplace Sanchez, introduzione di Jules Janin, 1885; Hachette, 1889-1929.

Nel Novecento, sempre a Parigi: Flammarion, 1911; Garnier, 1914; Cité des Livres, a cura di J. Copeau, 10 voll., 1935-1952; Club du Meilleur Livre, a cura di R. Bray e I. Scherer, 3 voll., 1955-1956; Imprimerie Nationale, 11 voll., 1947-1954; Imprimerie Nationale, a cura di G. Michaut, 2 voll., 1947-1949; Gallimard, 2 voll., 1950; Garnier-Flammarion, 4 voll., 1965; Hachette, prefazione di Marcel Thiébaut, 5 voll., s.d.; Émile-Paul Frères, Livre de poche, 4 voll., s.d.; Seuil, prefazione di P.A. Touchard, con *La vie de Molière* di Grimarest, 1962; Gallimard, a cura di G. Couton, Bibl. de La Pléiade, 2 voll., 1981.

Fra le opere attribuite a Molière si segnala *Le livre abominable de 1665 qui courait en manuscrit parmi le monde sous le nom de Molière*, Paris 1883.

STUDI

In *Oeuvres complètes* di Molière, a cura di Georges Couton (Gallimard, Bibl. de La Pléiade, Paris 1981) sono pubblicati in appendice i più importanti testi dettati dalle polemiche su Molière ai tempi dello scrittore. Vi si trovano infatti, sia pure in estratti: *Nouvelles nouvelles*, *Zélinde*, *Réponse a l'Impromptu de Versailles ou La vengeance des marquis*, *Lettre sur les affaires du théâtre* di Donneau de Visé; *Le portrait du peintre* di Boursault; *Panégirique de l'école des femmes* di Robinet; *L'impromptu de l'Hôtel de Condé* di Montfleury figlio; *La guerre comique* di La Croix. Tutte queste opere riguardano la "querelle" della *École des femmes*. Per quel che riguarda *Tartuffe*, nella stessa edizione si possono leggere l'ordinanza dell'arcivescovo di Parigi, il testo del parroco Pierre Roullé e la *Lettre sur la comédie de l'Imposteur*. A complemento di *Dom Juan*, si trovano le *Observations sur une comédie de Molière intitulée Le Festin de Pierre* di B.A. signore di R. e le due repliche a queste osservazioni da parte dei partigiani di Molière. Nella stessa edizione è pubblicato altresì, integralmente, *Élomire hypocondre*; e, assai opportuna, la prefazione all'edizione delle opere molieriane del 1682, che traccia una breve biografia di Molière. È l'anticipo della biografia di J.L. Le Gallois de Grimarest (*La vie de Molière*, Paris 1705; ed. parziale L. Chancerel, Paris 1930; ed. critica di G. Montgrédien, Paris 1955, cui si deve aggiungere *Addition à la vie de Molière*, Paris 1706) che costituirà la base, più o meno credibile ma inevitabile, di tutte le altre. Il registro dell'attore La Grange, che consente di ricostruire l'attività della compagnia molieriana gior-

no per giorno, è stato pubblicato nel 1876 da Thiérry; altre edizioni: Young, Paris 1947 e Minkoff, Genève 1972.
Dei contemporanei di Molière, hanno scritto su di lui soprattutto Boileau, che gli dedica delle *Stances* al tempo dell'*École des femmes*, lo onora nell'*Art poétique* (III, 391) e negli *Epîtres* (VII, 19), e gli dedica, lodandolo per la facilità della rima, la seconda satira (Boileau, *Oeuvres complètes*, Gallimard, Bibl. de La Pléiade). Anche La Fontaine lo prende in considerazione e gli dedica dei versi (famosi quelli riguardanti *Les fâcheux*: «Nous avons changé de méthode, / Jodelet n'est plus à la mode, / Et maintenant il ne faut pas / Quitter la nature d'un pas») e lo splendido epitaffio che inizia «Sous ce tombeau gîsent Plaut et Terence / Et cependant le seul Molière y gît...» (*Oeuvres complètes*, Gallimard, Bibl. de La Pléiade). La Bruyère lo cita nei *Caractères*, nel capitolo «Des ouvrages de l'esprit», paragr. 38 (Hachette, Paris 1950). Si vedano anche i giudizi di Bossuet (*Maximes et réflexions sur la comédie*, par Ch. Urbain e E. Levesque, Paris 1930) e di Fénelon (*Lettre à l'Académie*, Projet d'un traité sur la comédie, par A. Delplanque, Paris 1911). In *Molière jugé par ses contemporaines* (I. Lisieux, Paris 1877) sono riuniti: «Conversation dans une ruelle de Paris sur Molière defunt» di Donneau de Visé (1673); «L'ombre de Molière» di Marcouret de Brécourt (1674); «Vie de Molière en abregé» di La Grange (1682); «Monsieur de Molière» di A. Baillet (1686); «Poquelin de Molière» di Ch. Perrault (1697).
Nel Settecento si vedano di Bayle, *Dictionnaire historique et critique*, Paris 1734; di Vauvenargues, *Réflexions critiques sur quelques poètes* (*Oeuvres complètes*, Hachette, Paris 1968); di Louis Riccoboni, *Observations sur la comédie et le génie de Molière* (Paris 1736; ristampa anastatica Forni, Bologna 1978); di Voltaire *Vie de Molière, avec des jugements sur ses ouvrages* (Paris 1739; trad. it. in *Capi d'opera di Molière*, Venezia 1793); l'«Éloge de Molière» di Chamfort si può trovare, in francese, in Molière, *I capolavori del grande attore-scrittore*, SET, Torino 1949.
Nell'Ottocento iniziano i contributi critici veri e propri, preceduti dalle pagine "en artiste" di Stendhal, in *Racine et Shakespeare* (Le Divan, Paris 1930) e in *Molière, Shakespeare, la comédie et le rire* (par H. Martineau, Paris 1930). Si veda di Sainte-Beuve: nota introduttiva a Molière, *Oeuvres*, Paris 1835-1836; Id., *La littérature française des origines à 1870*, La Renaissance du Livre, Paris 1926-1928; Id., *Critiques et portraits littéraires*, III, Paris 1836; Id., *Nouveaux lundis*, 1863-1870, Calman-Lévy, Paris s.d.; Id., *Port-Royal*, III, capp. XV e XVI, a cura di M. Leroy, Gallimard, Bibl. de La Pléiade, Paris 1953-1955; in trad. italiana di S. D'Arbela, introd. di A. Adam, Firenze 1964. Ancora: E. Noël, *Molière*, Garnier Frères, Paris 1852;

J. Clarétie, *Molière, sa vie et ses oeuvres*, Paris 1873; F. Brunetière, *Trois Moliéristes*, in «Revue des Deux Mondes», 1 déc. 1884; Id., *Manuel de l'Histoire de la Littérature française*, Delagraves, Paris 1897; Id., *Histoire de la littérature française classique*, Delagraves, Paris 1921-1924; Id., *Molière après ses derniers biographes*, Paris s.d.; F. Sarcey, *La maison de Molière*, in *La Comédie Française*, Paris 1876; *La Comédie classique*, in *Quarante ans de théâtre*, vol. II, Bibl. des Annales politiques et littéraires, Paris 1901; L. Demoustier, *Molière auteur et comédien*, Laplace-Sanchez et C., Paris 1883; J. Lemaître, *Impressions de théâtre*, Boivin et C., Paris 1888-1889; G. Lanson, *Histoire de la littérature française*, Hachette, Paris 1894; Th. Dupuy, *Considerations sur la littérature française moderne*, Dumolard frères, Paris s.d.; F. Daumal, *Molière auteur précieux*, Renaissance du Livre, Paris s.d.; J. Janin, *Molière*, in *Causeries littéraires et historiques*, Paris s.d.
Nel Novecento, opere di carattere generale su Molière: Le Breton, *Molière et la comédie au temps de Molière*, in *Histoire de la langue et de la littérature française*, vol. V, Paris 1908-1910; G. Lafenêtre, *Molière*, Hachette, Paris 1909; J. Arnavon, *Notes sur l'intérpretation de Molière*, Plon-Nourrit et C., Paris 1923; L. Flutre, *Molière*, Hachette, Paris 1926; L. Lacour, *Molière auteur*, F. Alcan (Presse Universitaire de France), Paris 1928; Id., *Molière acteur*, F. Alcan, Paris 1928; H. Carrington-Lancaster, *A history of french dramatic literature in the seventeenth century*, 9 voll., Baltimore 1929-1942; B. Dussane, *Un comédien nommé Molière*, Plon, Paris 1936; P. Brisson, *Molière, sa vie dans ses oeuvres*, Gallimard, Paris 1942; D. Mornet, *Molière*, Boivin et C., Paris 1943; R. Jasinski, *Histoire de la littérature française*, Boivin, Paris 1947; Id., *Molière*, Connaissance des lettres, Paris 1969; W.G. Moore, *Molière. A New Criticism*, Clarendon Press, Oxford 1949 (nuova ed. 1968); e, in suo onore, la raccolta: *Molière, Stage and Study*, Clarendon Press, Oxford 1973; E. Fabre, *Notre Molière*, Albin Michel, Paris 1951; A. Adam, *Histoire de la littérature française au XVII siècle*, Paris 1952; I. Chancerel, *Molière*, Paris 1953; L. Emery, *Molière du métier à la pensée*, Les Cahiers Libres, Lyon 1956; G. Poulet, *Étude sur le temps humain*, Plon, Paris 1958; W. Holsboer Deierkauf, *L'histoire de la mise en scène dans le théâtre français à Paris de 1600 à 1673*, Paris s.d. (ma 1960), J. Guicharnaud, *Molière, une aventure théâtrale: Tartuffe, Dom Juan, le Misanthrope*, Gallimard, Paris 1963; Ch. Mauron, *Des métaphores obsédants au mithe personnel*, Librairie José Corti, Paris 1964 (trad. italiana, *Dalle metafore ossessive al mito personale*, Il Saggiatore, Milano 1966); J. Scherer, *Le théâtre de Molière*, Firenze 1966; J. Marchand, *La comédie humaine de Molière*, in *Molière*,

Hachette, Paris 1976; R. Fernandez, *Molière ou l'espace du génie comique*, Grasset, Paris 1979; G. Conesa, *Le dialogue molieresque*, Paris 1983; R. Monod, *Molière*, in *Dictionnaire des littératures de langue française*, Bordas, Paris 1984; S. Chevalley, *Molière, sa vie, son oeuvre*, F. Birr, Paris 1984; A. Coupris, *Les marquis dans le théâtre de Molière*, Société d'édition d'enseignement supérieur, Paris 1985; W.D. Howarth, *Molière*, Il Mulino, Bologna 1987; H. Stenzel, *Molière und der Funktionswandel der Komödie in 17. Jahrhundert*, Fink, München 1987; P. Placella Sommella, *L'immagine allo specchio*, Bulzoni, Roma 1988.
Opere sulla vita di Molière: L.-J.-Ch. Soulas d'Allainval, *Mémoires sur Molière et sur M.me Guérin, sa veuve*, suivies des mémoires sur Baron et sur M.lle Lecouvreur, Ponthieu, Paris 1822; L.F. Beffara, *Dissertation sur J.-B. Poquelin Molière*, Paris, 1825; Id., *Maison natale de Molière*, in «Revue Rétrospective», 3 déc. 1833; J.A. Taschereau, *Histoire de la vie et des ouvrages de Molière*, J. Hetzel (Béthune et Plon), Paris 1844; A. Bazin (Anaïs de Racon dit), *Notes historiques sur la vie de Molière*, Techener, Paris 1851; E. Raymond, *Histoire des pérégrinations de Molière dans le Languedoc*, Paris 1858; P. Lacroix, (Le bibliophile Jacob), *La jeunesse de Molière*, Paris 1859; E. Soulié, *Recherches sur Molière et sur sa famille*, Paris 1863; E. Fournier, *Le roman de Molière*, Paris 1863; E. Compardon, *Documents inédits sur J.-B. Poquelin Molière*, Plon, Paris 1871; H. de la Pommeraye, *Les amours de Molière*, Librairie des Bibliophiles, Paris 1873; H. Chardon, *La troupe du Roman comique devoilée et les Comédiens de campagne au XVII siècle*, Le Mans 1876; S. Chappuzeau, *Le Théâtre français*, Paris 1876; E. Compardon, *Nouvelles pièces sur Molière*, Paris 1876; J. Loiseleur, *Les points obscures de la vie de Molière*, Paris 1877; Id., *Molière jugé par ses contemporains*, Paris 1877; Ch.-L. Livet, *Les Molièristes*, 10 voll., Paris 1879-1899; Id., *Molière, nouvelles controverses sur sa vie et sa famille*, Paris 1886; E. Thoinau, *Un bisaïeul de Molière*, A. Claudin, Paris 1878; B. Pifteau, *Les maîtresses de Molière*, L. Willem, Paris 1879; C.E. Du Mesnil, *La famille Molière et ses répresentants actuels*, I. Lisieux, Paris 1879; Id., *Les aïeux de Molière à Beauvais et à Paris*, I. Lisieux, Paris 1879; A. Vitu, *La maison mortuaire de Molière*, A. Lemerre, Paris 1880; Id., *Le Jèu de Paume des Métayers*, Paris 1883; G. Monval, *Recueil sur la mort de Molière*, Librairie des Bibliophiles, Paris 1885; Id., *Le laquais de Molière*, Tresse & Stock, Paris 1887; Id., *Cronologie molieresque*, Flammarion Successeur, Paris 1897; G. Larroumet, *Madeleine Béjart*, in «Revue des Deux Mondes», 1 mai 1885; Id., *La femme de Molière*, in «Revue des Deux Mondes», 15 juin 1885; Id., *Un bourgeois de Paris au XVII siècle, Jean Poquelin*, in «Revue des Deux

Mondes», 15 mai 1886; C. Brouchoud, *Les origines du Théâtre de Lyon*, Lyon 1885; L. De la Pijardière, *Un nouvel autographe de Molière*, Montpellier 1886; H. Chardon, *M. de Modène, ses deux femmes et Madeleine Béjart*, Paris 1886; Id., *Nouveaux documents sur les comédiens de campagne et la vie de Molière*, 2 voll., Paris 1886-1905; E. Bricauld De Verneuil, *Molière à Poitiers en 1648*, Paris 1887; C. Latreille, *Molière à Vienne*, in «Revue d'histoire littéraire», 1889; N.-M. Bernardin, *Le mariage de Molière*, in *Hommes et moeurs du XVII siècle*, Paris 1900; A. Proudhomme, *Molière à Grenoble*, Grenoble 1904; A. Lefranc, *La vie et les ouvrages de Molière*, in «Revue des Cours et des Conférences», 1906-1908; H.G. Chatfield-Taylor, *Molière, a biography*, Chatto & Windus, London 1907; L. Lacour, *La vie passionnelle de Molière*, in «Revue de Paris», 1 avril 1912; Id., *Molière a-t-il épousé sa fille?*, in «Les Nouvelles littéraires», 13 fév. 1926; Id., *Molière acteur*, Paris 1928; Id., *Les maîtresses de Molière*, Paris 1932; J. Soyer, *Molière a-t-il pris sa licence en droit à l'Université d'Orléans?*, Paris 1919; G. Lenôtre, *Les papiers de Molière*, in «Le Temps», 16 oct. 1921; L. Prieur, *Molière a-t-il été avocat?*, in «Revue catholique des Institutions et du Droit», juill. 1922; E. Magne, *Une amie inconnue de Molière*, suivi de *Molière et l'Université*, E.-P. Frères, Paris 1922; Id., *Ninon de Lenclos*, Paris 1925; G. Michaut, *La jeunesse de Molière*, Paris 1922; Id., *Les débuts de Molière*, Paris 1923; Id., *Les luttes de Molière*, Paris 1925; Id., *La biographie de Molière*, in «Annales de l'Université de Paris», 1932; Id., *Molière raconté par ceux qui l'ont vu*, Paris 1932; H. Lyonnet, *Mademoiselle Molière*, Paris 1925 (nuova ed. 1933); P. Émard, *Les logis de Molière à Paris aprés 1658 et L'amour médecin*, in «Revue de France», 1 oct. 1928; R. Fernandez, *La vie de Molière*, Gallimard, Paris, 1929; H. Bidou, *Molière directeur de théâtre*, in «Journal des Débats», 24-31 août, 7 sept. 1931; R. Thuillier, *La vie maladive de Molière*, Paris 1932; P. Ballaguy, *Les années d'apprentissage de Molière*, in «Revue Universelle», 15 nov.-1 déc. 1933; L. Caste, *M. de Modène, Madeleine Béjart et Molière*, Marseille 1934; P. Mélèse, *Le théâtre et le public à Paris sous Louis XIV*, Paris 1934; G.G. Toudouze, *Molière bourgeois de Paris et tapissier du roi*, Paris 1946; G. Montgrédien, *La vie privée de Molière*, Hachette, Paris 1950; J. Chabannes, *Mademoiselle Molière*, Fayard, Paris 1961.
Sulla vita di Molière sono fondamentali le ricerche di M. Jurgens e E. Maxfield-Miller, *Cents ans de recherches sur Molière, sur sa famille et sur les comédiens de sa troupe*, Paris 1963. Accanto a queste, quelle di G. Montgrédien, *Recueil de textes et de documents du XVII siècle relatifs à Molière*, Paris 1965 (suppl. 1973).

Su Stendhal e Molière: H. Cordier, *Molière jugé par Stendhal*, Paris 1898; P. Gilbert, *Lo stile di Stendhal*, Bompiani, Milano 1946; V. Chauvet, *Manzoni, Stendhal*, Bibl. della Facoltà di lettere e filosofia Univ. di Catania, Catania 1958; J.P. Collinet, *Stendhal et Balzac à l'école de Molière, ou les origines classiques du réalisme*, Atti del congresso stendhaliano, Presse Universitaire de Grenoble, 1978.
Il punto di vista degli scrittori e degli uomini di teatro: M. Donnay, *Molière*, Fayard, Paris s.d.(copyright 1911); Th. Gautier, *Molière*, in *Les maîtres du théâtre*, Paris 1929; F. Mauriac, *Trois grands hommes devant Dieu: Molière, J.-J. Rousseau, G. Flaubert*, Paris 1930; J. Cocteau, *Hommage à Molière*, in *Le foyer des artistes*, Paris 1947; J. Audiberti, *Molière drammaturge*, L'Arché, Paris 1954; L. Jouvet, *Molière et la comédie classique*, Gallimard, Paris 1970; *Cahiers de la Compagnie Renaud-Barrault*, anni 1956, 1961, 1964-1965; J. Copeau, *Molière*, Gallimard, Paris 1976.
Sulla lingua di Molière, è fondamentale di Ch.-L. Livet, *Lexique de la langue de Molière comparée à celle des écrivains de son temps*, nei voll. XII e XIII delle *Oeuvres complètes* di Molière, Hachette, Paris 1873-1900; nuova ed. Imprimerie Nationale, 1895-1987; R. Bailly, *Molière, "enrichisseur" de la langue française*, in *Intermezzo, répertoires et voyages*, Paris 1955; Y. Gagliano, *Prépositions et locutions prépositives dans la langue de Molière*, tomo I, Diesse, Sassari 1983.
Sul comico in Molière: A. Thibaudet, *Le rire de Molière*, in «Revue de Paris», I, 1922; D. Romano, *Essai sur le comique de Molière*, Bern 1951; R. Fernandez, *Molière e l'essenza del comico*, Rusconi, Milano 1980.
Sulla musica in Molière: Castil-Blaze (F.-H.-J. Blaze dit), *Molière musicien*, Castil-Blaze, Paris 1852; J. Thiersot, *La musique dans la comédie de Molière*, Renaissance du Livre, Paris s.d.
Su Molière e la medicina: M. Raynaud, *Les médecins au temps de Molière*, Paris 1863; L. Carcassonne, *Molière et la médecine*, Paris 1877; H. Folet, *Molière et la médecine de son temps*, Lille 1896; R. Jasinski, *Sur Molière et la médecine*, in *Mélanges de philologie, d'histoire et de littérature*, Paris 1934; J. Girard, *À propos de L'amour médecin, Molière et Louis-Henry Daquin*, Paris 1948; J. Cairncross, *Impie en médecine, Molière et les médecins*, in *Paper and French Seventeenth Century Literature*, XIV, Seattle 1987.
Sui rapporti con la Chiesa del tempo: L. Veuillot, *Molière et Bourdaloue*, Paris 1877, e la risposta di H. Lapommeraye, *Molière et Bossuet*, Paris 1877.
Fra i contributi italiani: A.R. Levi, *Nel regno del teatro*, Dumolard, Milano 1885; G. Mazzoni, *Il teatro della rivoluzione*, Zanichelli, Bologna 1894; C. Levi, *Le amanti di*

Molière, Tip. Melfi e Joele, Napoli 1903; Id., *Molière*, Roma 1922; M. Maffii, *Atteggiamenti non comici delle commedie di Corneille e di Molière*, in *Miscellanea di studi critici*, Firenze 1907; P. Toldo, *L'oeuvre de Molière et sa fortune en Italie*, Loescher, Torino 1910; ; F. Neri, *Da un corso sul Molière*, Olschki, Roma 1928; Id., *Molière*, in *Il maggio delle fate*, Novara 1929, e in *Saggi*, Bompiani, Milano 1964; F. Picco, *Molière*, Firenze 1930; G. Toffanin, *La critica e il tempo*, Paravia, Torino 1930; B. Croce, *Molière*, in *Conversazioni critiche*, Laterza, Bari 1932; M. Apollonio, *Molière*, Marcelliana, Brescia 1942; I. Siciliano, *Molière*, Montuoro, Venezia 1947; M. Bonfantini, *La letteratura francese del XVII secolo*, Ediz. Scient. Ital., Napoli 1955 e 1964; Id., *Storia della letteratura francese*, Mondadori, Milano 1965; G. Macchia, *Dal Rinascimento al Classicismo*, in *La letteratura francese*, tomo II, Sansoni-Accademia, Milano 1970; Id., *Vita, avventure e morte di don Giovanni*, Laterza, Bari 1966, e Einaudi, Torino 1978; Id., *La caduta della luna*, Mondadori, Milano 1973; Id., *Il silenzio di Molière*, Mondadori, Milano 1975; G. Nicoletti, *Molière. Il contesto e la forma*, Adriatica, Bari 1973; C. Garboli, *Molière: saggi e traduzioni*, Einaudi, Torino 1976; F. Garavini, *La casa dei giochi. Idee e forme nel Seicento francese*, Einaudi, Torino 1980; C. Cordié, *Molière*, in «Cultura e scuola», gennaio-marzo 1980; C. Garboli, *Scritti servili*, Einaudi, Torino 1989.

S.B.

Del prodigioso trittico dell'anno di grazia 1668, *L'avare* è l'opera che consente a Molière di dormire i sonni più tranquilli. Chi mai a corte o fra il clero può identificarsi in un sordido avaro? Per di più, come *Amphitryon*, essa è tratta da Plauto. Niente di più convenzionale, in apparenza, e anzi in questa direzione Molière sembra voler esagerare. Arrivando buon ultimo, *L'avare* non riesce a dissimulare il sospetto che sia stato buttato giù in fretta: è in prosa, fatto assolutamente eccezionale per un lavoro in cinque atti (c'è qualcuno che lo rileva e se ne lamenta), ma soprattutto è troppo evidente il suo legame col modello plautino. Dell'*Aulularia*, infatti, Molière prende non solo l'argomento (come aveva fatto con *Amphitryon*) ma intere scene, situazioni, battute. Chiunque avrebbe corso il rischio di fare dell'accademia o del puro «divertissement». La sorte sembra punire l'autore. Il 9 settembre, al Palais-Royal, la commedia ottiene un buon successo ma le repliche si incaricano di illanguidirlo senza apparente possibilità di rinascita.

Le fonti

In effetti, di «avari» era pieno il mondo. C'era innanzitutto il repertorio dell'Arte, che in Francia trionfava e la cosa meno difficile che potesse capitare andando dagli Italiani era di vedere in scena un Pantalone sparagnino. E c'erano «avari» di casa e contemporanei, almeno come scrittura. È nella consuetudine critica citare come fonti *La belle plaideuse* di Boisrobert (1655) e *L'avare dupé* (altrimenti detto *L'homme de paille* o ancora *La dame d'intrigue*) di Chappuzeau (1662). Vedere un avaro in palcoscenico, insomma, non era una novità. Ma a pensarci bene, quel che si vedeva erano degli avari e mai l'avarizia. Negli scenari che i Pantaloni avevano rappresentato nel vecchio Petit Bourbon (Giulace Arrighi attorno al 1645, Turi di Modena attorno al 1653) l'avarizia era intrinseca al personaggio ma non l'oggetto della rappresentazione.

Con Plauto, che l'abate de Marolles aveva tradotto dieci anni prima, le cose cambiavano: l'Euclione dell'*Aulularia* non era avaro per puro dovere di maschera. Molière era un buon latinista e sicuramente non era rimasto indifferente alla riscoperta del grande comico latino (l'edizione di de Marolles aveva il testo a fronte). Non può essere casuale, del resto, che in un solo anno Molière si rifacesse a

Plauto in due occasioni. C'è invece da chiedersi, semplicemente, perché un poeta come lui non abbia con *L'avare* ripetuto l'operazione di *Amphitryon*, dove i prestiti plautini, tranne l'argomento, sono quasi inesistenti. Nell'*Avare* Molière saccheggia Plauto, quasi non avesse fantasia comica in proprio.

I prestiti di Plauto

Se è perfettamente comprensibile che il poeta accetti l'itinerario dell'*Aulularia* nelle pietre miliari della «pentola» sotterrata colma di scudi e del servo che la ruba, lascia perplessi che egli affidi lo scioglimento alla più classica e assurda delle agnizioni, una storia di naufragi e di corsari per la quale il vecchio Anselmo si scopre padre di Valerio e Mariana, consentendo così il doppio matrimonio coi figli di Arpagone. Ma sarebbe bastato il ricatto, squisitamente psicologico, della cassetta tenuta in ostaggio: «dovete scegliere – dice Cleante al padre (v, 6) – fra il concedermi Mariana e il perdere la cassetta». L'agnizione giunge dunque come qualcosa di non necessario e la si sopporta a fatica, senza contare che Frosina aveva raccontato per filo e per segno (IV, 1) un suo progetto per infinocchiare Arpagone, e bastava attuarlo sulla scena anziché farlo raccontare, per arrivare al felice scioglimento. Perché Molière, dopo averci detto ingenuamente come avrebbe potuto concludere la commedia, vi rinuncia e si adagia sull'inutile espediente del «riconoscimento»?

Ma ci sono, presi da Plauto, anche diversi temi di passaggio: Arpagone che perquisisce il servo (I, 3), si fa mostrare le mani e chiede dove stia «l'altra»; Arpagone ossessionato dal pensiero di dar marito alla figlia senza tirar fuori un soldo, col famoso ritornello del «senza dote!» (I, 5); l'argomentazione della mezzana Frosina, che calcola come vera dote ciò che una fanciulla di poche pretese fa risparmiare al marito in capo a un anno (II, 5); i contenuti della disperazione di Arpagone derubato (III, 7); l'equivoco per cui Valerio parla della cassetta rubata mentre Arpagone intende il discorso come riferito alla figlia (v, 3).

La grandezza di Arpagone

Fretta o misteri del genio? Probabilmente la prima. I misteri del genio entrano in gioco successivamente, quando *L'avare*, a dispetto del modesto riscontro iniziale e degli oggettivi «difetti» di nascita, diventa una delle opere più famose della storia del teatro e una delle più rappresentate del suo autore. Arpagone è un personaggio proverbiale, come Tartufo e assai più di Alceste. Molière lo prende da Plauto stesso che nell'*Aulularia* e nel *Trinummus* parla di «harpagones» (dal greco *arpax*, «rapace», mentre in senso reale *harpago* è l'uncino usato nelle navi da guerra per l'abbordaggio), benché Georges Couton ricordi che il primo autore che diede questo nome a un avaro fu un italiano di nessuna rinomanza, Luigi Groto, in una commedia tradotta in Francia nel 1609.

Perché allora *L'avare*, nonostante tutto, è una grande commedia? Perché la figura di Arpagone ha una tale intrinseca vitalità che supera tutte le imperfezioni, oscurandole e quasi annullandole. La forza di Arpagone si diffonde a tutta la commedia e in sé la sommerge. Il grande personaggio fa grande una commedia piccola. Non è una legge, è semplicemente il miracolo di Molière, che ha la forza poetica per nascondere un personaggio nuovo sotto le spoglie del vecchio. Egli fa il contrario di ciò che fanno gli scrittori senza genio, che dietro l'apparenza del nuovo contrabbandano verità sorpassate.
Arpagone, sotto l'imitazione formale, è un personaggio del secolo XVII; se ci appare come travestito da avaro tradizionale, in realtà non è più attaccato feticisticamente all'oro come tale ma soffre di una paranoia moderna, prerivoluzionaria, illuministica, borghese. Se si rifiuta di spendere, è soltanto perché ciò significa accumulare. Il suo delirio non riguarda il denaro in sé ma il capitale, il denaro investito; Arpagone ha l'anima del finanziere e dell'affarista. Non già fuori, ma dentro, è molto vicino a papà Grandet e a Mercadet, suoi balzachiani nipotini.
Arpagone è soltanto un ateo che vede nella ricchezza l'unico valore dell'umana esistenza; ad essa subordina ogni cosa poiché solo in essa vede realizzato l'assoluto. Il denaro è il suo dio, egli non ama altro. Arpagone è come Macbeth un genio del male; vive nella sfera della comicità e ciò lo rende più infernale. Tiranneggiato dal suo dio, egli tiranneggia gli altri, con la buona fede di ogni tiranno dalla inconsapevole ipocrisia. Un lampo di Tartufo è in lui (si presenta come Tartufo, parlando col servo) e si rivela quando con candore autentico fa rilevare la modestia delle sue pretese («la discretion du preteur»; II, 1) o afferma che bisogna fare del bene al prossimo (II, 2); e di fronte alla più orrenda delle previsioni, quella di sopravvivere ai figli, risponde tranquillamente: «Meglio così» (II, 5). Il suo capolavoro sono le norme per il prestito che egli ha dettato con burocratica impassibilità: l'elenco della rigatteria che egli vende a prezzo esorbitante, quel liuto bolognese, quel ramarro impagliato, nella loro irresistibile comicità sono carichi di sinistri bagliori.

Le reminiscenze della farsa

Fin qui l'Arpagone d'oro molieresco; ma il miracolo nasce quando il personaggio avrebbe il dovere di perdere la sua originalità. Molière ha la virtù di Mida e trasforma tutto quel che tocca, o se si vuole lo «molierizza» fino a renderlo irriconoscibile. Così la scena del «senza dote», presa da Plauto, diventa sua ed entra a buon diritto nel repertorio delle sue celebri iterazioni, quella di Alceste («Je ne dis pas cela»), di Orgone («Et Tartuffe?»), del Geronte delle *Fourberies* («Que diable allait-il faire dans cette galère?»); e così dicasi di tutti gli altri prestiti.

In realtà, non ha nessuna importanza che, per amore o per forza, ci sia in Arpagone una forte traccia di Sganarello e nell'intera commedia una forte reminiscenza delle farse iniziali. Del resto, Molière non le dimenticò mai ed esse ricompaiono fino alla fine, nelle *Fourberies de Scapin* e nel *Malade imaginaire*. Tipicamente da farsa sono nell'*Avare* la scena (IV, 4) in cui Mastro Giacomo fa credere a entrambi i contendenti che l'avversario ha ammesso il proprio torto, le scene che Arpagone ha col servo e il monologo che chiude il quarto atto.
D'altra parte rimangono moliereschi tutti i personaggi che girano attorno ad Arpagone: Cleante è il figlio impetuoso, come il Damide di *Tartuffe*, e in Valerio c'è una spolveratina del tipico «raisonneur». Così *L'avare* ci appare come una bottiglia appena scossa dove elementi nativi ed elementi acquistati sono in perfetta sospensione; è l'opera in cui, più che in ogni altra, Molière riesce a nascondere se stesso, compiendo l'impresa di realizzare un capolavoro con una commedia piena di difetti.

SANDRO BAJINI

Bibliografia per «L'avaro»

EDIZIONI

In francese: Biblioteca Romanica, Strasbourg s.d.; Garnier, Paris s.d.; ivi 1774; Livorno 1775; Repertoire du Théâtre Français, vol. I, pp. 705-39, Paris 1826; Bibliothèque Rombus, Paris-Londres-Vienne s.d.; Paris 1902; par P. Mélèse, ivi 1938; con introd. e note di E. Liverani Dolci, Milano 1941; con introd. di A. Palombi, Torino 1944; Paris 1946; par P. Mélèse, ivi 1948; ivi 1952; ivi 1954; London 1959; par L. Léjealle, Paris 1971.
Traduzioni italiane: con pref. e trad. di N. Sapegno, Torino 1924; con trad. di M. Bontempelli, Macerata 1925; con trad. di N. Cacudi, Firenze 1926; con trad. di I. Giannini, commentato per la scuola da M. Vanni, Milano 1930; con trad. di U. Dettore, ivi 1951; con trad. di A. Masini, Firenze 1928; con *Il misantropo*, *Sganarello*, *Il borghese gentiluomo*, *Il malato immaginario*, *La scuola delle mogli*, *Il Tartufo*, Milano 1974; con trad. e introd. di L. Lunari, ivi 1981.

STUDI

E. Roy, *«L'avare» de Doni et «L'avare» de Molière*, in «RHLF», I, 1894, pp. 38-48; F. Sarcey, *Quarante ans de theâtre*, Paris 1901, voll. II e IV, pp. 353-56; C. Vincent, *Molière, imitatore di Plauto e Terenzio*, Roma 1917; N. Sapegno, pref. a *L'avaro*, cit., 1924; P. Barrière, *Honoré de*

Balzac et la tradition littéraire classique, Paris 1928; C. Dullin, *L'avare*, ivi 1946; M. Descotes, *Les grands rôles du théâtre de Molière*, ivi 1960, pp. 131-50; J. Chamarat, *Harpagon est-il un personnage comique?*, in «Annales Conferencia», novembre 1963, pp. 20-32; L. Jouvet, *Molière et la comédie classique*, Paris 1970, pp. 57-60; L. Léjealle, introd. a *L'avare*, cit.; L. Lunari, introd. a *L'avaro*, cit.

S.B.

Nota al testo

Il testo originale adottato nella presente edizione è quello di *Oeuvres complètes*, «Bibliothèque de la Pléiade», Gallimard, Paris 1981.

L'AVARE / L'AVARO

ACTEURS

HARPAGON, *père de Cléante et d'Élise, et amoureux de Mariane*
CLÉANTE, *fils d'Harpagon, amant de Mariane*
ÉLISE, *fille d'Harpagon, amante de Valère*
VALÈRE, *fils d'Anselme, et amant d'Élise*
MARIANE, *amante de Cléante, et aimée d'Harpagon*
ANSELME, *père de Valère et de Mariane*
FROSINE, *femme d'intrigue*
MAÎTRE SIMON, *courtier*
MAÎTRE JACQUES, *cuisinier et cocher d'Harpagon*
LA FLÈCHE, *valet de Cléante*
DAME CLAUDE, *servante d'Harpagon*
BRINDAVOINE } *laquais d'Harpagon*
LA MERLUCHE }
LE COMMISSAIRE ET SON CLERC

La scène est à Paris.

PERSONAGGI

ARPAGONE, *padre di Cleante e di Elisa, e pretendente di Mariana*
CLEANTE, *figlio di Arpagone, e innamorato di Mariana*
ELISA, *figlia di Arpagone, e innamorata di Valerio*
VALERIO, *figlio di Anselmo, e innamorato di Elisa*
MARIANA, *innamorata di Cleante, e amata da Arpagone*
ANSELMO, *padre di Valerio e di Mariana*
FROSINA, *faccendiera*
MASTRO SIMONE, *mediatore*
MASTRO GIACOMO, *cuoco e cocchiere di Arpagone*
FRECCIA, *servitore di Cleante*
DONNA CLAUDIA, *domestica di Arpagone*
GRAN D'AVENA, STOCCAFISSO } *lacchè di Arpagone*
IL COMMISSARIO E IL SUO AIUTANTE

La scena è a Parigi.

ACTE I

Scène I

Valère, Élise

VALÈRE Hé quoi? charmante Élise, vous devenez mélancolique, après les obligeantes assurances que vous avez eu la bonté de me donner de votre foi? Je vous vois soupirer, hélas! au milieu de ma joie! Est-ce du regret, dites-moi, de m'avoir fait heureux, et vous repentez-vous de cet engagement où mes feux ont pu vous contraindre?

ÉLISE Non, Valère, je ne puis pas me repentir de tout ce que je fais pour vous. Je m'y sens entraîner par une trop douce puissance, et je n'ai pas même la force de souhaiter que les choses ne fussent pas. Mais, à vous dire vrai, le succès me donne de l'inquiétude; et je crains fort de vous aimer un peu plus que je ne devrais.

VALÈRE Hé! que pouvez-vous craindre, Élise, dans les bontés que vous avez pour moi?

ÉLISE Hélas! cent choses à la fois: l'emportement d'un père, les reproches d'une famille, les censures du monde; mais plus que tout, Valère, le changement de votre coeur, et cette froideur criminelle dont ceux de votre sexe payent le plus souvent les témoignages trop ardents d'une innocente amour.

VALÈRE Ah! ne me faites pas ce tort, de juger de moi par les autres. Soupçonnez-moi de tout, Élise, plutôt que de man-

Scena I

Valerio, Elisa

VALERIO Ma come? bellissima Elisa, dopo le gentili assicurazioni che avete avuto la bontà di darmi sulla vostra fedeltà, vi fate ora malinconica? Vi vedo, ahimè! sospirare, mentre la mia gioia è al sommo. Vi siete pentita, ditemi, di avermi fatto felice, vi dispiace che il mio ardore vi abbia in qualche modo obbligata a dare la vostra parola?

ELISA No, Valerio, non posso pentirmi di ciò che ho fatto per voi. Troppo dolce è il potere che mi tiene avvinta, e non ho nemmeno la forza di pensare che le cose possano essere diverse. Ma, a dire il vero, sono inquieta per ciò che accadrà, e temo di amarvi un po' più di quanto non dovrei.

VALERIO Oh! che cosa potete temere, Elisa, dal bene che mi volete?

ELISA Ahimè! cento cose in una: le ire di un padre, i rimproveri dei parenti, le riprovazioni della gente; ma più di tutto, Valerio, il vostro cuore mutato, e quella freddezza colpevole con la quale le persone del vostro sesso ripagano sovente le testimonianze troppo ardenti di un amore innocente.

VALERIO Ah! non fatemi il torto di giudicare me attraverso gli altri. Abbiate pure nei miei confronti ogni sospetto, Eli-

quer à ce que je vous dois: je vous aime trop pour cela, et mon amour pour vous durera autant que ma vie.

ÉLISE Ah! Valère, chacun tient les mêmes discours. Tous les hommes sont semblables par les paroles; et ce n'est que les actions qui les découvrent différents.

VALÈRE Puisque les seules actions font connaître ce que nous sommes, attendez donc au moins à juger de mon coeur par elles, et ne me cherchez point des crimes dans les injustes craintes d'une fâcheuse prévoyance. Ne m'assassinez point, je vous prie, par les sensibles coups d'un soupçon outrageux, et donnez-moi le temps de vous convaincre, par mille et mille preuves, de l'honnêteté de mes feux.

ÉLISE Hélas! qu'avec facilité on se laisse persuader par les personnes que l'on aime! Oui, Valère, je tiens votre coeur incapable de m'abuser. Je crois que vous m'aimez d'un véritable amour, et que vous me serez fidèle; je n'en veux point du tout douter, et je retranche mon chagrin aux appréhensions du blâme qu'on pourra me donner.

VALÈRE Mais pourquoi cette inquiétude?

ÉLISE Je n'aurais rien à craindre, si tout le monde vous voyait des yeux dont je vous vois, et je trouve en votre personne de quoi avoir raison aux choses que je fais pour vous. Mon coeur, pour sa défense, a tout votre mérite, appuyé du secours d'une reconnaissance où le Ciel m'engage envers vous. Je me représente à toute heure ce péril étonnant qui commença de nous offrir aux regards l'un de l'autre; cette générosité surprenante qui vous fit risquer votre vie, pour dérober la mienne à la fureur des ondes; ces soins pleins de tendresse que vous me fîtes éclater après m'avoir tirée de l'eau, et les hommages assidus de cet ardent amour que ni le temps ni les difficultés n'ont rebuté, et qui, vous faisant négliger et parents et patrie, arrête vos pas en ces lieux, y tient en ma faveur votre fortune déguisée, et vous a réduit,

sa, ma non pensate ch'io venga meno a ciò che vi è dovuto. Vi amo troppo, per questo, e l'amore che ho per voi durerà quanto la vita.

ELISA Ah! Valerio, fate i discorsi di tutti. Gli uomini sono sempre gli stessi, per le parole che dicono; soltanto le azioni li fanno diversi.

VALERIO Poiché soltanto le azioni ci fanno conoscere per quel che siamo, aspettate ch'io le commetta per giudicare il mio cuore. Non cercate misfatti in ciò che è soltanto un ingiusto timore nato dalle vostre nere previsioni. Non uccidetemi, vi prego, coi penosi colpi di una sfiducia che mi oltraggia e datemi il tempo di convincervi, ve ne darò mille prove! che il mio ardore è onesto.

ELISA Ahimè! come ci si lascia persuadere facilmente quando si ama. Sì, Valerio, ritengo che il vostro cuore non sia capace di ingannarmi. Voi mi amate di vero amore e sono convinta che mi sarete fedele; non voglio più avere dubbi e limiterò il mio cruccio alle apprensioni che mi verranno dall'essere biasimata.

VALERIO Ma perché una tale inquietudine?

ELISA Non avrei nulla da temere, se tutti vi vedessero con gli occhi miei; io trovo nella vostra persona ottime ragioni per approvare quel che faccio. Il mio cuore, in sua difesa, può addurre i tanti meriti che vi vengono riconosciuti, ed è confortato in questo dalla gratitudine a cui il Cielo mi obbliga. Rivedo ad ogni istante la brutta avventura che ci mise di fronte la prima volta; la stupenda generosità con la quale avete rischiato la vostra vita, perché la mia fosse strappata al furore delle onde, le cure affettuose che mi avete prodigato dopo avermi tratto dall'acqua, e gli omaggi assidui di un ardente amore che il tempo e le difficoltà non hanno scalfito e che, facendovi trascurare patria e genitori, trattiene i vostri passi in questi luoghi, mantiene in mio onore dissimulata la vostra condizio-

pour me voir, à vous revêtir de l'emploi de domestique de mon père. Tout cela fait chez moi sans doute un merveilleux effet; et c'en est assez à mes yeux pour me justifier l'engagement où j'ai pu consentir; mais ce n'est pas assez peut-être pour le justifier aux autres, et je ne suis pas sûre qu'on entre dans mes sentiments.

VALÈRE De tout ce que vous avez dit, ce n'est que par mon seul amour que je prétends auprès de vous mériter quelque chose; et quant aux scrupules que vous avez, votre père lui-même ne prend que trop de soin de vous justifier à tout le monde; et l'excès de son avarice, et la manière austère dont il vit avec ses enfants pourraient autoriser des choses plus étranges. Pardonnez-moi, charmante Élise, si j'en parle ainsi devant vous. Vous savez que sur ce chapitre on n'en peut pas dire de bien. Mais enfin, si je puis, comme je l'espère, retrouver mes parents, nous n'aurons pas beaucoup de peine à nous le rendre favorable. J'en attends des nouvelles avec impatience, et j'en irai chercher moi-même, si elles tardent à venir.

ÉLISE Ah! Valère, ne bougez d'ici, je vous prie; et songez seulement à vous bien mettre dans l'esprit de mon père.

VALÈRE Vous voyez comme je m'y prends, et les adroites complaisances qu'il m'a fallu mettre en usage pour m'introduire à son service; sous quel masque de sympathie et de rapports de sentiments je me déguise pour lui plaire, et quel personnage je joue tous les jours avec lui, afin d'acquérir sa tendresse. J'y fais des progrès admirables; et j'éprouve que pour gagner les hommes, il n'est point de meilleure voie que de se parer à leurs yeux de leurs inclinations, que de donner dans leurs maximes, encenser leurs défauts, et applaudir à ce qu'ils font. On n'a que faire d'avoir peur de trop charger la complaisance; et la manière dont on les joue a beau être visible, les plus fins toujours sont de grandes dupes du côté de la flatterie; et il n'y a rien de si impertinent et de si ridicule qu'on ne fasse avaler lorsqu'on l'assaisonne

ne e vi ha costretto, per potermi vedere, a celarvi sotto le spoglie di un dipendente[1] di mio padre. Tutto questo, non c'è dubbio, fa su di me una meravigliosa impressione; e basta, per quel che mi riguarda, a giustificare la promessa che ho voluto farvi; non la giustifica però, credo, presso gli altri, e non sono affatto sicura che i miei sentimenti siano approvati.

VALERIO Di tutto quel che avete detto, solo il mio amore pretende di avere qualche merito ai vostri occhi; e quanto agli scrupoli che avete, vostro padre medesimo si prende fin troppa cura di dissiparli di fronte al mondo; gli eccessi della sua avarizia e la vita austera che conduce coi suoi figli, potrebbero autorizzare decisioni ben più gravi. Perdonatemi, bellissima Elisa, se parlo in questi termini davanti a voi. Ma sapete che a questo proposito dir bene di lui non è possibile. Infine, se potrò, come spero, ritrovare i miei genitori, otterremo la sua approvazione senza troppe difficoltà. Aspetto notizie con impazienza e se tardassero ad arrivare andrò io stesso a cercarle.

ELISA Ah! Valerio, ve ne prego, non muovetevi di qui; e pensate soltanto a conquistare la benevolenza di mio padre.

VALERIO Vedete come mi do da fare e quante maniere compiacenti ho astutamente messo in atto per entrare al suo servizio; sotto quale maschera di simpatia e di rapporti amichevoli io mi occulto per essergli gradito, e quale personaggio io fingo di essere con lui tutti i giorni, al fine di guadagnarne l'affetto. Faccio meravigliosi progressi; e mi rendo conto che per conquistare gli uomini non esiste via migliore che l'ammantarsi delle loro inclinazioni, ripetere le loro massime, incensare i loro difetti e applaudire tutto ciò che fanno. E non si deve nemmeno temere di essere troppo compiacenti; il modo di abbindolarli può essere palese fin che si vuole, le persone più perspicaci diventano poveri allocchi di fronte all'adulazione; e non c'è nulla di tanto impertinente e di tanto ridicolo che non si riesca a far trangugiare quando è preparato con la salsa della lode. Col mestie-

en louange. La sincérité souffre un peu au métier que je fais; mais quand on a besoin des hommes, il faut bien s'ajuster à eux; et puisqu'on ne saurait les gagner que par-là, ce n'est pas la faute de ceux qui flattent, mais de ceux qui veulent être flattés.

ÉLISE Mais que ne tâchez-vous aussi à gagner l'appui de mon frère, en cas que la servante s'avisât de révéler notre secret?

VALÈRE On ne peut pas ménager l'un et l'autre; et l'esprit du père et celui du fils sont des choses si opposées, qu'il est difficile d'accommoder ces deux confidences ensemble. Mais vous, de votre part, agissez auprès de votre frère, et servez-vous de l'amitié qui est entre vous deux pour le jeter dans nos intérêts. Il vient, je me retire. Prenez ce temps pour lui parler; et ne lui découvrez de notre affaire que ce que vous jugerez à propos.

ÉLISE Je ne sais si j'aurai la force de lui faire cette confidence.

Scène II

Cléante, Élise

CLÉANTE Je suis bien aise de vous trouver seule, ma soeur; et je brûlais de vous parler, pour m'ouvrir à vous d'un secret.

ÉLISE Me voilà prête à vous ouïr, mon frère. Qu'avez-vous à me dire?

CLÉANTE Bien des choses, ma soeur, enveloppées dans un mot: j'aime.

ÉLISE Vous aimez?

re che mi tocca fare, la sincerità ne va un tantino di mezzo; ma quando si ha bisogno di un nostro simile, bisogna pure adeguarsi; e poiché non lo si potrebbe conquistare in altro modo, la colpa non ricade sugli adulatori ma su coloro che vogliono essere adulati.

ELISA Ma perché non tentate anche di guadagnarvi la solidarietà di mio fratello, nel caso che alla cameriera venisse in mente di rivelare il nostro segreto?

VALERIO Non è possibile badare all'uno e all'altro; padre e figlio hanno idee talmente opposte che è difficile conciliare le confidenze di entrambi. Ma voi dal canto vostro, vedete di influenzare vostro fratello, e servitevi della dimestichezza che esiste fra di voi per piegarlo ai nostri interessi. Ora sta arrivando, io mi ritiro. Approfittate dell'occasione per parlargli; e rivelate della nostra faccenda soltanto ciò che vi sembra strettamente necessario.

ELISA Non so se avrò il coraggio di fargli questa confidenza.

Scena II

Cleante, Elisa

CLEANTE Mi fa piacere, sorella, di trovarvi sola; ero impaziente di parlarvi, vi devo confidare un segreto.

ELISA Sono pronta ad ascoltarvi, fratello. Che cosa mi dovete dire?

CLEANTE Molte cose, sorella, racchiuse in due parole: sono innamorato.

ELISA Voi siete innamorato?

CLÉANTE Oui, j'aime. Mais avant que d'aller plus loin, je sais que je dépends d'un père, et que le nom de fils me soumet à ses volontés; que nous ne devons point engager notre foi sans le consentement de ceux dont nous tenons le jour; que le Ciel les a faits les maîtres de nos voeux, et qu'il nous est enjoint de n'en disposer que par leur conduite, que n'étant prévenus d'aucune folle ardeur, ils sont en état de se tromper bien moins que nous, et de voir beaucoup mieux ce qui nous est propre; qu'il en faut plutôt croire les lumières de leur prudence que l'aveuglement de notre passion; et que l'emportement de la jeunesse nous entraîne le plus souvent dans des précipices fâcheux. Je vous dis tout cela, ma soeur, afin que vous ne vous donniez pas la peine de me le dire; car enfin mon amour ne veut rien écouter, et je vous prie de ne me point faire de remontrances.

ÉLISE Vous êtes-vous engagé, mon frère, avec celle que vous aimez?

CLÉANTE Non, mais j'y suis résolu; et je vous conjure encore une fois de ne me point apporter de raisons pour m'en dissuader.

ÉLISE Suis-je, mon frère, une si étrange personne?

CLÉANTE Non, ma soeur; mais vous n'aimez pas: vous ignorez la douce violence qu'un tendre amour fait sur nos coeurs, et j'appréhende votre sagesse.

ÉLISE Hélas! mon frère, ne parlons point de ma sagesse. Il n'est personne qui n'en manque, du moins une fois en sa vie! et si je vous ouvre mon coeur, peut-être serai-je à vos yeux bien moins sage que vous.

CLÉANTE Ah! plût au Ciel que votre âme, comme la mienne...

ÉLISE Finissons auparavant votre affaire, et me dites qui est celle que vous aimez.

CLEANTE Sì, sono innamorato. Ma prima di procedere oltre su questa strada, so benissimo che dipendo da nostro padre e che la mia qualità di figlio mi sottomette alle sue volontà; che non dobbiamo impegnare la nostra fede senza il consenso di coloro a cui dobbiamo la vita; che il Cielo li ha fatti padroni dei nostri voti e che ci viene ingiunto di disporne soltanto sotto la loro guida;[2] che essi, non soffrendo di alcuna prevenzione dettata da un fervore insensato, si ingannano assai meno di noi e sanno scorgere molto meglio ciò che a noi si addice; che bisogna piuttosto affidarsi ai lumi della loro prudenza che alla cecità della nostra passione; e che l'impeto della giovinezza ci trascina spesso in incresciosi precipizi. Vi dico tutto questo, sorella, affinché non vi prendiate la briga di dirmelo voi stessa; perché in definitiva il mio amore non ascolta ragioni, e pertanto vi prego di non farmi le vostre rimostranze.

ELISA Avete dato la vostra parola, fratello, a colei che amate?

CLEANTE No, ma sono risoluto a farlo; e vi scongiuro un'altra volta di non addurre ragioni per dissuadermi.

ELISA Sono dunque, fratello, una persona tanto bisbetica?

CLEANTE No, sorella mia, ma voi non siete innamorata; voi ignorate la dolce violenza che un tenero amore fa sui nostri cuori, e temo la vostra saggezza.

ELISA Ahimè, fratello, non parliamo della mia saggezza. Tutti ne sono privi, almeno una volta nella vita! e se dovessi aprirvi il mio cuore, forse apparirei molto meno saggia di voi.

CLEANTE Volesse il Cielo che voi, come me...

ELISA Concludiamo prima l'argomento che vi riguarda, e ditemi chi è colei che amate.

CLÉANTE Une jeune personne qui loge depuis peu en ces quartiers, et qui semble être faite pour donner de l'amour à tous ceux qui la voient. La nature, ma soeur, n'a rien formé de plus aimable; et je me sentis transporté dès le moment que je la vis. Elle se nomme Mariane, et vit sous la conduite d'une bonne femme de mère, qui est presque toujours malade, et pour qui cette aimable fille a des sentiments d'amitié qui ne sont pas imaginables. Elle la sert, la plaint, et la console avec une tendresse qui vous toucherait l'âme. Elle se prend d'un air le plus charmant du monde aux choses qu'elle fait, et l'on voit briller mille grâces en toutes ses actions: une douceur pleine d'attraits, une bonté tout engageante, une honnêteté adorable, une... Ah! ma soeur, je voudrais que vous l'eussiez vue.

ÉLISE J'en vois beaucoup, mon frère, dans les choses que vous me dites; et pour comprendre ce qu'elle est, il me suffit que vous l'aimez.

CLÉANTE J'ai découvert sous main qu'elles ne sont pas fort accommodées, et que leur discrète conduite a de la peine à étendre à tous leurs besoins le bien qu'elles peuvent avoir. Figurez-vous, ma soeur, quelle joie ce peut être que de relever la fortune d'une personne que l'on aime; que de donner adroitement quelques petits secours aux modestes nécessités d'une vertueuse famille; et concevez quel déplaisir ce m'est de voir que, par l'avarice d'un père, je sois dans l'impuissance de goûter cette joie, et de faire éclater à cette belle aucun témoignage de mon amour.

ÉLISE Oui, je conçois assez, mon frère, quel doit être votre chagrin.

CLÉANTE Ah! ma soeur, il est plus grand qu'on ne peut croire. Car enfin peut-on rien voir de plus cruel que cette rigoureuse épargne qu'on exerce sur nous, que cette sécheresse étrange où l'on nous fait languir? Et que nous servira d'avoir du bien, s'il ne nous vient que dans le temps que

CLEANTE Una ragazza che abita in questo quartiere da poco, e che sembra fatta apposta per suscitare l'amore in chi la vede. La natura, sorella, non ha creato nulla di più incantevole; mi sono sentito preso non appena l'ho vista. Si chiama Mariana e vive con la vecchia madre, una povera donna quasi sempre malata, alla quale l'incantevole ragazza testimonia un attaccamento che non potete immaginare. La serve, la compiange e la consola con una tenerezza che tocca il cuore. Affronta le cose che deve fare con i modi più accattivanti e in tutto quel che fa splende la grazia, una dolcezza piena di attrattive, una bontà che ti cattura, un'onestà adorabile, una... Ah! sorella mia, vorrei che la vedeste!

ELISA Vedo già molte cose, fratello, in quel che mi dite; e per capire chi è questa ragazza, mi basta che voi l'amiate.

CLEANTE Ho scoperto segretamente che non vivono certo negli agi e che riescono a malapena, con il poco di cui dispongono, a far fronte a tutte le esigenze. Figuratevi, sorella, che gioia sarebbe per me poter migliorare le condizioni della persona che amo; poter donare senza che se ne accorga piccole somme per le modeste necessità di una famiglia virtuosa; e pensate con quale disappunto devo verificare che per l'avarizia di un padre mi trovo nell'impossibilità di avere questa gioia e di manifestare all'amato bene tutto il mio amore con una qualche tangibile testimonianza.

ELISA Sì, fratello mio, credo di capire quale dev'essere il vostro rincrescimento.

CLEANTE Ah! sorella, è più grande di quanto si può pensare. Perché insomma s'è mai visto niente di più crudele di quel lesinarci meticolosamente ogni cosa, di quelle incredibili ristrettezze in cui ci fa languire? A che ci servirà il denaro, se ci toccherà quando non avremo più la bella età per goder-

nous ne serons plus dans le bel âge d'en jouir, et si pour m'entretenir même, il faut que maintenant je m'engage de tous côtés, si je suis réduit avec vous à chercher tous les jours le secours des marchands, pour avoir moyen de porter des habits raisonnables? Enfin j'ai voulu vous parler, pour m'aider à sonder mon père sur les sentiments où je suis; et si je l'y trouve contraire, j'ai résolu d'aller en d'autres lieux, avec cette aimable personne, jouir de la fortune que le Ciel voudra nous offrir. Je fais chercher partout pour ce dessein de l'argent à emprunter; et si vos affaires, ma soeur, sont semblables aux miennes, et qu'il faille que notre père s'oppose à nos désirs, nous le quitterons là tous deux et nous affranchirons de cette tyrannie où nous tient depuis si longtemps son avarice insupportable.

ÉLISE Il est bien vrai que, tous les jours, il nous donne de plus en plus sujet de regretter la mort de notre mère, et que...

CLÉANTE J'entends sa voix. Éloignons-nous un peu, pour nous achever notre confidence; et nous joindrons après nos forces pour venir attaquer la dureté de son humeur.

Scène III

Harpagon, La Flèche

HARPAGON Hors d'ici tout à l'heure, et qu'on ne réplique pas. Allons, que l'on détale de chez moi, maître juré filou, vrai gibier de potence.

LA FLÈCHE Je n'ai jamais rien vu de si méchant que ce maudit vieillard et je pense, sauf correction, qu'il a le diable au corps.

HARPAGON Tu murmures entre tes dents.

ne? e se persino per le comuni necessità, devo far debiti[3] da tutte le parti, se sono ridotto come voi a chiedere tutti i giorni l'aiuto dei mercanti per potermi vestire decentemente? Insomma, ho voluto parlarvi perché mi aiutiate a scrutare l'animo di nostro padre intorno ai miei sentimenti; e se si rivela contrario, son risoluto ad andarmene altrove, e a dividere con quella deliziosa creatura la sorte che il Cielo ci vorrà riservare. A questo scopo sto cercando del denaro in prestito; e se la vostra situazione, sorella, è simile alla mia, e se è scritto che nostro padre si opponga ai nostri desideri, lo abbandoneremo entrambi e ci libereremo della tirannia a cui da tanto tempo ci tiene costretti la sua insopportabile avarizia.

ELISA Non passa giorno, bisogna ammetterlo, che egli non ci offra sempre nuovi motivi per rimpiangere la scomparsa di nostra madre e che...

CLEANTE Sento la sua voce. Allontaniamoci un momento e terminiamo di farci le nostre confidenze; poi metteremo insieme le forze e cercheremo di mitigare l'asprezza del suo temperamento.

Scena III

Arpagone, Freccia

ARPAGONE Fuori di qui all'istante, e senza far parola. Forza, sloggiare da questa casa, furfante matricolato, vero pendaglio da forca.

FRECCIA Non ho mai visto niente di più perfido di questo vecchiaccio maledetto e sono convinto, con rispetto parlando, che abbia il diavolo in corpo.

ARPAGONE Stai mormorando qualcosa fra i denti.

LA FLÈCHE Pourquoi me chassez-vous?

HARPAGON C'est bien à toi, pendard, à me demander des raisons; sors vite, que je ne t'assomme.

LA FLÈCHE Qu'est-ce que je vous ai fait?

HARPAGON Tu m'as fait que je veux que tu sortes.

LA FLÈCHE Mon maître, votre fils, m'a donné ordre de l'attendre.

HARPAGON Va-t'en l'attendre dans la rue, et ne sois point dans ma maison planté tout droit comme un piquet, à observer ce qui se passe, et faire ton profit de tout. Je ne veux point avoir sans cesse devant moi un espion de mes affaires, un traître, dont les yeux maudits assiègent toutes mes actions, dévorent ce que je possède, et furètent de tous côtés pour voir s'il n'y a rien à voler.

LA FLÈCHE Comment diantre voulez-vous qu'on fasse pour vous voler? Êtes-vous un homme volable, quand vous renfermez toutes choses, et faites sentinelle jour et nuit?

HARPAGON Je veux renfermer ce que bon me semble, et faire sentinelle comme il me plaît. Ne voilà pas de mes mouchards, qui prennent garde à ce qu'on fait? Je tremble qu'il n'ait soupçonné quelque chose de mon argent. Ne serais-tu point homme à aller faire courir le bruit que j'ai chez moi de l'argent caché?

LA FLÈCHE Vous avez de l'argent caché?

HARPAGON Non, coquin, je ne dis pas cela. (*À part*) J'enrage. Je demande si malicieusement tu n'irais point faire courir le bruit que j'en ai.

FRECCIA Perché mi scacciate?

ARPAGONE Non sei tu, delinquente, che devi fare domande. Vattene subito, o ti accoppo.

FRECCIA Che cosa vi ho fatto?

ARPAGONE Mi hai fatto che devi andare perché lo voglio.

FRECCIA Il mio padrone, che poi è vostro figlio, mi ha dato l'ordine di aspettarlo.

ARPAGONE Vai ad aspettarlo nella strada e non rimanere in casa mia dritto come un palo, ad osservare quel che succede, ad approfittare d'ogni occasione. Non voglio avere continuamente davanti a me una spia, un delatore, con quegli occhi maledetti che stanno in agguato su tutte le mie azioni, divorano quel che mi appartiene e frugano dappertutto per vedere se c'è qualcosa da rubare.

FRECCIA Ma come diavolo volete che si faccia, per derubarvi? Siete un uomo derubabile, voi, che chiudete tutto sotto chiave e fate la sentinella giorno e notte?

ARPAGONE Io chiudo a chiave tutto quel che mi sembra opportuno, e faccio la sentinella come mi pare e piace. Dimmi tu se non è uno spione, costui, che vigila su tutto quello che faccio! Ho una gran paura che sappia qualcosa del mio denaro.[4] Non sarai mica di quelli, tu, che mettono in giro la voce che ho del denaro nascosto?

FRECCIA Avete del denaro nascosto?

ARPAGONE No, manigoldo, non ho detto questo. (*A parte*) Mi vien rabbia. Ho chiesto se non metterai maliziosamente in giro la voce che ne ho.

LA FLÈCHE Hé! que nous importe que vous en ayez ou que vous n'en ayez pas, si c'est pour nous la même chose?

HARPAGON Tu fais le raisonneur. Je te baillerai de ce raisonnement-ci par les oreilles. (*Il lève la main pour lui donner un soufflet*) Sors d'ici, encore une fois.

LA FLÈCHE Hé bien! je sors.

HARPAGON Attends. Ne m'emportes-tu rien?

LA FLÈCHE Que vous emporterais-je?

HARPAGON Vien çà, que je voie. Montre-moi tes mains.

LA FLÈCHE Les voilà.

HARPAGON Les autres.

LA FLÈCHE Les autres?

HARPAGON Oui.

LA FLÈCHE Les voilà.

HARPAGON N'as-tu rien mis ici dedans?

LA FLÈCHE Voyez vous-même.

HARPAGON (*il tâte le bas de ses chausses*) Ces grands hauts-de-chausses sont propres à devenir les receleurs des choses qu'on dérobe; et je voudrais qu'on en eût fait pendre quelqu'un.

LA FLÈCHE Ah! qu'un homme comme cela mériterait bien ce qu'il craint! et que j'aurais de joie à le voler!

HARPAGON Euh?

FRECCIA Oh! che importa se ne avete o non ne avete, dal momento che per noi è lo stesso?

ARPAGONE Rispondi, eh? Ti farò sputare la risposta dalle orecchie. (*Alza la mano per dargli uno schiaffo*) Te lo ripeto, esci di qui.

FRECCIA Va bene, esco.

ARPAGONE Aspetta. Porti via qualcosa?

FRECCIA Che cosa potrei mai portare via?

ARPAGONE Vieni qua. Fammi vedere le mani.

FRECCIA Eccole.

ARPAGONE Le altre.

FRECCIA Le altre?

ARPAGONE Sì.

FRECCIA Eccole.[5]

ARPAGONE E lì dentro, che cosa ci hai messo?

FRECCIA Guardate voi stesso.

ARPAGONE (*tastandogli la parte inferiore dei pantaloni*) Pantaloni così ampi sono il ricettacolo adatto per ogni refurtiva; vorrei tanto che avessero fatto impiccare qualcuno.

FRECCIA Ah! un uomo come questo meriterebbe che gli capitasse proprio la cosa che teme! e quanto mi piacerebbe derubarlo.

ARPAGONE Eh?

LA FLÈCHE Quoi?

HARPAGON Qu'est-ce que tu parles de voler?

LA FLÈCHE Je dis que vous fouillez bien partout, pour voir si je vous ai volé.

HARPAGON C'est ce que je veux faire.

Il fouille dans les poches de La Flèche.

LA FLÈCHE La peste soit de l'avarice et des avaricieux!

HARPAGON Comment? que dis-tu?

LA FLÈCHE Ce que je dis?

HARPAGON Oui: qu'est-ce que tu dis d'avarice et d'avaricieux?

LA FLÈCHE Je dis que la peste soit de l'avarice et des avaricieux.

HARPAGON De qui veux-tu parler?

LA FLÈCHE Des avaricieux.

HARPAGON Et qui sont-ils ces avaricieux?

LA FLÈCHE Des vilains et des ladres.

HARPAGON Mais qui est-ce que tu entends par-là?

LA FLÈCHE De quoi vous mettez-vous en peine?

HARPAGON Je me mets en peine de ce qu'il faut.

LA FLÈCHE Est-ce que vous croyez que je veux parler de vous?

FRECCIA Come?

ARPAGONE Che cosa stai dicendo sul derubare?

FRECCIA Sto dicendo che dovete frugare bene dappertutto, per vedere se vi ho derubato.

ARPAGONE È quel che voglio fare.

Fruga nelle tasche di Freccia.

FRECCIA Peste all'avarizia e agli avari!

ARPAGONE Come? Che cosa stai dicendo?

FRECCIA Che cosa sto dicendo?

ARPAGONE Sì, che cosa stai dicendo dell'avarizia e degli avari?

FRECCIA Sto dicendo: peste all'avarizia e agli avari.

ARPAGONE Di chi intendi parlare?

FRECCIA Degli avari.

ARPAGONE E chi sono questi avari?

FRECCIA I taccagni e i pitocchi.[6]

ARPAGONE Ma a chi ti riferisci?

FRECCIA Di che cosa vi preoccupate?

ARPAGONE Mi preoccupo di quel che bisogna.

FRECCIA Credete che voglia parlare di voi?

HARPAGON Je crois ce que je crois; mais je veux que tu me dises à qui tu parles quand tu dis cela.

LA FLÈCHE Je parle... je parle à mon bonnet.

HARPAGON Et moi, je pourrais bien parler à ta barrette.

LA FLÈCHE M'empêcherez-vous de maudire les avaricieux?

HARPAGON Non; mais je t'empêcherai de jaser, et d'être insolent. Tais-toi.

LA FLÈCHE Je ne nomme personne.

HARPAGON Je te rosserai, si tu parles.

LA FLÈCHE Qui se sent morveux, qu'il se mouche.

HARPAGON Te tairas-tu?

LA FLÈCHE Oui, malgré moi.

HARPAGON Ha! ha!

LA FLÈCHE (*lui montrant une des poches de son justaucorps*) Tenez, voilà encore une poche; êtes-vous satisfait?

HARPAGON Allons, rends-le-moi sans te fouiller.

LA FLÈCHE Quoi?

HARPAGON Ce que tu m'as pris.

LA FLÈCHE Je ne vous ai rien pris du tout.

HARPAGON Assurément?

LA FLÈCHE Assurément.

ARPAGONE Credo quel che credo; ma voglio che tu mi dica a chi stai parlando quando dici queste cose.

FRECCIA Sto parlando... al berretto che mi metto in capo.

ARPAGONE E se gli dessi una lavata, al tuo capo?[7]

FRECCIA Mi proibite di maledire gli avari?

ARPAGONE No, ma ti proibisco di spettegolare e di essere insolente. Sta' zitto.

FRECCIA Non ho fatto nomi.

ARPAGONE Ti sfascio il grugno, se parli.

FRECCIA A buon intenditor poche parole.

ARPAGONE Vuoi stare zitto?

FRECCIA Sì, malvolentieri.

ARPAGONE Ah, ah, ah!

FRECCIA (*mostrandogli una tasca del giustacuore*) Ecco, c'è un'altra tasca; siete contento?

ARPAGONE Su, restituisci e rinuncio alla perquisizione.

FRECCIA Restituire cosa?

ARPAGONE Quel che m'hai preso.

FRECCIA Io non ho preso niente di niente.

ARPAGONE Sicuro?

FRECCIA Sicuro.

HARPAGON Adieu, va-t'en à tous les diables.

LA FLÈCHE Me voilà fort bien congédié.

HARPAGON Je te le mets sur ta conscience, au moins. Voilà un pendard de valet qui m'incommode fort, et je ne me plais point à voir ce chien de boiteux-là.

Scène IV

Élise, Cléante, Harpagon

HARPAGON Certes ce n'est pas une petite peine que de garder chez soi une grande somme d'argent; et bienheureux qui a tout son fait bien placé, et ne conserve seulement que ce qu'il faut pour sa dépense. On n'est pas peu embarrassé à inventer dans toute une maison une cache fidèle; car pour moi, les coffres-forts me sont suspects, et je ne veux jamais m'y fier: je les tiens justement une franche amorce à voleurs, et c'est toujours la première chose que l'on va attaquer. Cependant je ne sais si j'aurai bien fait d'avoir enterré dans mon jardin dix mille écus qu'on me rendit hier. Dix mille écus en or chez soi est une somme assez...
Ici le frère et la soeur paraissent s'entretenant bas.
Ô Ciel! je me serai trahi moi-même: la chaleur m'aura emporté, et je crois que j'ai parlé haut en raisonnant tout seul. Qu'est-ce?

CLÉANTE Rien, mon père.

HARPAGON Y a-t-il longtemps que vous êtes là?

ÉLISE Nous ne venons que d'arriver.

HARPAGON Vous avez entendu...

CLÉANTE Quoi, mon père?

ARPAGONE Addio, vattene al diavolo.

FRECCIA Magnifico congedo davvero.

ARPAGONE Ne affido il giudizio alla tua coscienza. Ecco un delinquente di servitore che mi procura dei fastidi, non mi diverte affatto vedermi attorno questo cane zoppo.[8]

Scena IV

Elisa, Cleante, Arpagone

ARPAGONE Certo, non è un guaio da poco il tenere nascosto tanto denaro; beato chi ha ben sistemato tutto il suo e si tiene soltanto il necessario per vivere. Non è una piccola impresa dover improvvisare in una casa un nascondiglio sicuro; sulle casseforti nutro molti dubbi e non mi fido davvero: secondo me sono un'autentica esca per i ladri, è la prima cosa a cui mettono mano. E tuttavia non so se ho fatto bene a seppellire in giardino i diecimila scudi che mi hanno restituito ieri. Diecimila scudi d'oro chiusi in casa è una somma abbastanza...

Fratello e sorella compaiono parlando sottovoce.

O Cielo! Non mi sarò tradito da me? Nell'esuberanza, mi sono lasciato andare e parlando da solo devo avere alzato la voce. Che c'è?

CLEANTE Nulla, padre mio.

ARPAGONE Siete lì da molto?

ELISA Arriviamo in questo momento.

ARPAGONE Avete forse ascoltato...

CLEANTE Che cosa, padre mio?

HARPAGON Là...

ÉLISE Quoi?

HARPAGON Ce que je viens de dire.

CLÉANTE Non.

HARPAGON Si fait, si fait.

ÉLISE Pardonnez-moi.

HARPAGON Je vois bien que vous en avez ouï quelques mots. C'est que je m'entretenais en moi-même de la peine qu'il y a aujourd'hui à trouver de l'argent, et je disais qu'il est bienheureux qui peut avoir dix mille écus chez soi.

CLÉANTE Nous feignions à vous aborder, de peur de vous interrompre.

HARPAGON Je suis bien aise de vous dire cela, afin que vous n'alliez pas prendre les choses de travers et vous imaginer que je dise que c'est moi qui ai dix mille écus.

CLÉANTE Nous n'entrons point dans vos affaires.

HARPAGON Plût à Dieu que je les eusse, dix mille écus!

CLÉANTE Je ne crois pas...

HARPAGON Ce serait une bonne affaire pour moi.

ÉLISE Ce sont des choses...

HARPAGON J'en aurais bon besoin.

CLÉANTE Je pense que...

ARPAGONE Stando lì...

ELISA Che cosa?

ARPAGONE Quel che stavo dicendo.

CLEANTE No.

ARPAGONE Parlo sul serio.

ELISA Perdonatemi.

ARPAGONE Ho già capito che avete sentito qualche parola. Stavo facendo considerazioni fra me e me sulla fatica che si fa oggi a trovare del denaro e mi dicevo: beato chi può avere in casa diecimila scudi.

CLEANTE Non osavamo[9] avvicinarci, nel timore di interrompervi.

ARPAGONE Mi fa piacere potervelo dire: non abbiate a fraintendere, e a mettervi in mente che stavo dicendo che sono io che ho diecimila scudi.

CLEANTE Noi non entriamo negli affari vostri.

ARPAGONE Volesse il Cielo che avessi diecimila scudi!

CLEANTE Non credo...

ARPAGONE Sarebbe un gran fatto per me.

ELISA Queste son cose...

ARPAGONE Ne avrei tanto bisogno.

CLEANTE Penso che...

HARPAGON Cela m'accommoderait fort.

ÉLISE Vous êtes...

HARPAGON Et je ne me plaindrais pas, comme je fais, que le temps est misérable.

CLÉANTE Mon Dieu! mon père, vous n'avez pas lieu de vous plaindre, et l'on sait que vous avez assez de bien.

HARPAGON Comment? j'ai assez de bien! Ceux qui le disent en ont menti. Il n'y a rien de plus faux; et ce sont des coquins qui font courir tous ces bruits-là.

ÉLISE Ne vous mettez point en colère.

HARPAGON Cela est étrange, que mes propres enfants me trahissent et deviennent mes ennemis!

CLÉANTE Est-ce être votre ennemi que de dire que vous avez du bien!

HARPAGON Oui, de pareils discours et les dépenses que vous faites seront cause qu'un de ces jours on me viendra chez moi couper la gorge, dans la pensée que je suis tout cousu de pistoles.

CLÉANTE Quelle grande dépense est-ce que je fais?

HARPAGON Quelle? Est-il rien de plus scandaleux que ce somptueux équipage que vous promenez par la ville? Je querellais hier votre soeur; mais c'est encore pis. Voilà qui crie vengeance au Ciel; et à vous prendre depuis les pieds jusqu'à la tête, il y aurait là de quoi faire une bonne constitution. Je vous l'ai dit vingt fois, mon fils, toutes vos manières me déplaisent fort: vous donnez furieusement dans le marquis; et pour aller ainsi vêtu, il faut bien que vous me dérobiez.

ARPAGONE Sarei un signore.

ELISA Voi siete...

ARPAGONE E non mi lamenterei, come faccio, della tristizia dei tempi.

CLEANTE Santo Cielo! non avete ragione di lamentarvi, padre mio; lo sanno tutti che siete benestante.

ARPAGONE Come? Benestante io? Chi lo dice è un mentitore. Non c'è niente di più falso; è una voce messa in giro da manigoldi.

ELISA Non andate in collera.

ARPAGONE È orrendo[10] che proprio i miei figli mi tradiscano e diventino miei nemici.

CLEANTE Dire che siete benestante significa essere vostro nemico?

ARPAGONE Sì, questi discorsi e le spese che fate sono tali che un giorno o l'altro verranno a tagliarmi la gola, convinti che io viva foderato di monete.

CLEANTE Quali sono le grandi spese che faccio?

ARPAGONE Quali sono? C'è qualcosa di più scandaloso dell'eleganza sfarzosa[11] che ostentate in città? Ieri ho rimproverato vostra sorella; ma voi siete peggio. È una cosa che grida vendetta al Cielo; con quel che avete addosso dalla testa fino ai piedi si potrebbe ricavare una buona rendita. Figlio mio, ve l'ho detto venti volte, i vostri modi mi dispiacciono assai: voi pencolate accanitamente verso il nobilesco; e per andare in giro vestito in tal guisa, è giocoforza che mi derubiate.

CLÉANTE Hé! comment vous dérober?

HARPAGON Que sais-je? Où pouvez-vous donc prendre de quoi entretenir l'état que vous portez?

CLÉANTE Moi, mon père? C'est que je joue; et comme je suis fort heureux, je mets sur moi tout l'argent que je gagne.

HARPAGON C'est fort mal fait. Si vous êtes heureux au jeu, vous en devriez profiter, et mettre à honnête interêt l'argent que vous gagnez afin de le trouver un jour. Je voudrais bien savoir, sans parler du reste, à quoi servent tous ces rubans dont vous voilà lardé depuis les pieds jusqu'à la tête, et si une demi-douzaine d'aiguillettes ne suffit pas pour attacher un haut-de-chausses? Il est bien nécessaire d'employer de l'argent à des perruques, lorsque l'on peut porter des cheveux de son cru, qui ne coûtent rien. Je vais gager qu'en perruques et rubans, il y a du moins vingt pistoles; et vingt pistoles rapportent par année dix-huit livres six sols huit deniers, à ne les placer qu'au denier douze.

CLÉANTE Vous avez raison.

HARPAGON Laissons cela, et parlons d'autre affaire. Euh? Je crois qu'ils se font signe l'un à l'autre de me voler ma bourse. Que veulent dire ces gestes-là?

ÉLISE Nous marchandons, mon frère et moi, à qui parlera le premier; et nous avons tous deux quelque chose à vous dire.

HARPAGON Et moi, j'ai quelque chose aussi à vous dire à tous deux.

CLÉANTE C'est de mariage, mon père, que nous désirons vous parler.

HARPAGON Et c'est de mariage aussi que je veux vous entretenir.

CLEANTE Oh! ma in che modo posso derubarvi?

ARPAGONE Non lo so. Ma dove andate a prendere quel che occorre per mantenere il vostro tenor di vita?

CLEANTE Io? Vi dirò, padre mio: mi affido al gioco; e poiché sono fortunato, mi metto addosso tutto il denaro che vinco.

ARPAGONE Fate molto male. Se siete fortunato, dovreste approfittarne, e prestare il denaro che vincete a un interesse onesto, così che un giorno lo possiate ritrovare. Mi piacerebbe sapere, per non parlare del resto, a che cosa vi servono tutti quei nastri che mettete in mostra dalla testa ai piedi: non vi basta una mezza dozzina di stringhe[12] per tener su i calzoni? Che bisogno c'è di buttare quattrini in parrucche, quando si possono portare i capelli così come crescono, che non costano niente? Scommetto che in parrucche e nastri, se ne vanno almeno venti pistole; e venti pistole rendono in un anno diciotto lire, sei soldi e otto denari, anche se impiegate soltanto all'uno per dodici.[13]

CLEANTE Avete ragione.

ARPAGONE Lasciamo perdere e parliamo d'altro. Eh? Ma quei due si fan cenno, mi pare, d'involarmi la borsa.[14] Che vuol dire tutto codesto gesticolare?

ELISA Stavamo discutendo, io e mio fratello, su chi dovesse parlare per primo; abbiamo tutti e due qualcosa da dirvi.

ARPAGONE Ed io ho qualcosa da dire a tutti e due.

CLEANTE Padre mio, desideriamo parlarvi di matrimonio.

ARPAGONE Ed è appunto sul matrimonio che vorrei intrattenervi.

ÉLISE Ah! mon père!

HARPAGON Pourquoi ce cri? Est-ce le mot, ma fille, ou la chose, qui vous fait peur?

CLÉANTE Le mariage peut nous faire peur à tous deux, de la façon que vous pouvez l'entendre; et nous craignons que nos sentiments ne soient pas d'accord avec votre choix.

HARPAGON Un peu de patience. Ne vous alarmez point. Je sais ce qu'il faut à tous deux; et vous n'aurez ni l'un ni l'autre aucun lieu de vous plaindre de tout ce que je prétends faire. Et pour commencer par un bout: avez-vous-vu, dites-moi, une jeune personne appelée Mariane, qui ne loge pas loin d'ici?

CLÉANTE Oui, mon père.

HARPAGON Et vous?

ÉLISE J'en ai ouï parler.

HARPAGON Comment, mon fils, trouvez-vous cette fille?

CLÉANTE Une fort charmante personne.

HARPAGON Sa physionomie?

CLÉANTE Tout honnête, et pleine d'esprit.

HARPAGON Son air et sa manière?

CLÉANTE Admirables, sans doute.

HARPAGON Ne croyez-vous pas qu'une fille comme cela mériterait assez que l'on songeât à elle?

CLÉANTE Oui, mon père.

ELISA Ah! padre mio!

ARPAGONE Perché gridate? È la parola, figlia mia, o la cosa che vi fa tanta paura?

CLEANTE Il matrimonio può far paura ad entrambi, se si pensa a come potreste intenderlo voi; e temiamo che i nostri sentimenti non siano d'accordo con la vostra scelta.

ARPAGONE Un po' di pazienza. Non allarmatevi. So quel che si addice all'uno e all'altro; e di quel che pretendo fare, non avrete ragione di lamentarvi. E per incominciare, vorrei sapere se non conoscete una giovane chiamata Mariana, che abita non lontano da qui.

CLEANTE Sì, padre mio.

ARPAGONE E voi?

ELISA Ne ho sentito parlare.

ARPAGONE Che cosa pensate, figliolo, di questa ragazza?

CLEANTE Una creatura incantevole.

ARPAGONE I suoi tratti?

CLEANTE Ha un viso pulito, e molto intelligente.

ARPAGONE La sua presenza, le sue maniere?

CLEANTE Ammirevoli, senza dubbio.

ARPAGONE Non credete che una ragazza come quella meriterebbe l'attenzione di un uomo?

CLEANTE Sì, padre mio.

HARPAGON Que ce serait un parti souhaitable?

CLÉANTE Très souhaitable.

HARPAGON Qu'elle a toute la mine de faire un bon ménage?

CLÉANTE Sans doute.

HARPAGON Et qu'un mari aurait satisfaction avec elle?

CLÉANTE Assurément.

HARPAGON Il y a une petite difficulté: c'est que j'ai peur qu'il n'y ait pas avec elle tout le bien qu'on pourrait prétendre.

CLÉANTE Ah! mon père, le bien n'est pas considérable, lorsqu'il est question d'épouser une honnête personne.

HARPAGON Pardonnez-moi, pardonnez-moi. Mais ce qu'il y a à dire, c'est que si l'on n'y trouve pas tout le bien qu'on souhaite, on peut tâcher de regagner cela sur autre chose.

CLÉANTE Cela s'entend.

HARPAGON Enfin je suis bien aise de vous voir dans mes sentiments; car son maintien honnête et sa douceur m'ont gagné l'âme, et je suis résolu de l'épouser, pourvu que j'y trouve quelque bien.

CLÉANTE Euh?

HARPAGON Comment?

CLÉANTE Vous êtes résolu, dites-vous...?

HARPAGON D'épouser Mariane.

CLÉANTE Qui, vous? vous?

ARPAGONE Che sarebbe un partito auspicabile?

CLEANTE Auspicabilissimo.

ARPAGONE Che promette di essere una buona moglie?

CLEANTE Senza dubbio.

ARPAGONE E che un marito troverebbe in lei piena soddisfazione?

CLEANTE Certamente.

ARPAGONE C'è una piccola difficoltà: temo che non disponga di quelle sostanze che sarebbe giusto pretendere.

CLEANTE Ah! padre mio, le sostanze non contano quando si tratta di sposare una donna onesta.

ARPAGONE Un momento, un momento. Quel che c'è da dire, piuttosto, è che se le sostanze che vorremmo non ci sono, le possiamo rimediare attraverso altre vie.

CLEANTE S'intende.

ARPAGONE Insomma, mi fa piacere che condividiate i miei sentimenti; poiché il suo contegno onesto e la sua dolcezza mi hanno preso il cuore e sono deciso a sposarla, purché ci sia da ricavarne qualcosa.

CLEANTE Eh?

ARPAGONE Come?

CLEANTE Siete deciso, avete detto...?

ARPAGONE A sposare Mariana.

CLEANTE Chi, voi? voi?

HARPAGON Oui, moi, moi, moi. Que veut dire cela?

CLÉANTE Il m'a pris tout à coup un éblouissement, et je me retire d'ici.

HARPAGON Cela ne sera rien. Allez vite boire dans la cuisine un grand verre d'eau claire. Voilà de mes damoiseaux flouets, qui n'ont non plus de vigueur que des poules. C'est là, ma fille, ce que j'ai résolu pour moi. Quant à ton frère, je lui destine une certaine veuve dont ce matin on m'est venu parler; et pour toi, je te donne au seigneur Anselme.

ÉLISE Au seigneur Anselme?

HARPAGON Oui, un homme mûr, prudent et sage, qui n'a pas plus de cinquante ans, et dont on vante les grands biens.

ÉLISE (*elle fait une révérence*) Je ne veux point me marier, mon père, s'il vous plaît.

HARPAGON (*il contrefait la révérence*) Et moi, ma petite fille ma mie, je veux que vous vous mariiez, s'il vous plaît.

ÉLISE Je vous demande pardon, mon père.

HARPAGON Je vous demande pardon, ma fille.

ÉLISE Je suis très humble servante au seigneur Anselme; mais avec votre permission, je ne l'épouserai point.

HARPAGON Je suis votre très humble valet; mais, avec votre permission, vous l'épouserez dès ce soir.

ÉLISE Dès ce soir?

HARPAGON Dès ce soir.

ÉLISE Cela ne sera pas, mon père.

ARPAGONE Sì, io, io, io. Che vuol dire tutto questo?

CLEANTE Mi è venuto d'improvviso un capogiro, mi ritiro.

ARPAGONE Non è niente. Andate in cucina e bevete un bel bicchiere di acqua fresca. Ma guarda questo damerino svenevole, che ha meno forza di un pulcino. Ecco, figlia mia, questa è la decisione che ho preso per me. Quanto a tuo fratello, gli ho destinato una certa vedova della quale mi hanno parlato stamattina; tu invece sei promessa al signor Anselmo.

ELISA Al signor Anselmo?

ARPAGONE Sì, un uomo maturo, prudente e saggio, che non ha più di cinquant'anni, e a cui si attribuisce un notevole patrimonio.

ELISA (*facendo un inchino*) Non vi dispiaccia, padre mio, ma non desidero prender marito.

ARPAGONE (*contraffacendo l'inchino*) Non vi dispiaccia, mia piccola figliolina cara, ma io desidero che voi prendiate marito.

ELISA Vi chiedo scusa, padre mio.

ARPAGONE Vi chiedo scusa, figlia mia.

ELISA Io son serva umilissima del signor Anselmo, ma col vostro permesso non lo sposerò.

ARPAGONE Io son vostro servo umilissimo; ma col vostro permesso, lo sposerete questa sera stessa.

ELISA Questa sera stessa?

ARPAGONE Questa sera stessa.

ELISA Questo non accadrà, padre mio.

HARPAGON Cela sera, ma fille.

ÉLISE Non.

HARPAGON Si.

ÉLISE Non, vous dis-je.

HARPAGON Si, vous dis-je.

ÉLISE C'est une chose où vous ne me réduirez point.

HARPAGON C'est une chose où je te réduirai.

ÉLISE Je me tuerai plutôt que d'épouser un tel mari.

HARPAGON Tu ne te tueras point, et tu l'épouseras. Mais voyez quelle audace! A-t-on jamais vu une fille parler de la sorte à son père?

ÉLISE Mais a-t-on jamais vu un père marier sa fille de la sorte?

HARPAGON C'est un parti où il n'y a rien à redire; et je gage que tout le monde approuvera mon choix.

ÉLISE Et moi, je gage qu'il ne saurait être approuvé d'aucune personne raisonnable.

HARPAGON Voilà Valère: veux-tu qu'entre nous deux nous le fassions juge de cette affaire?

ÉLISE J'y consens.

HARPAGON Te rendras-tu à son jugement?

ÉLISE Oui, j'en passerai par ce qu'il dira.

HARPAGON Voilà qui est fait.

ARPAGONE Questo accadrà, figlia mia.

ELISA No.

ARPAGONE Sì.

ELISA Vi dico di no.

ARPAGONE Vi dico di sì.

ELISA Non mi ridurrete a questo.

ARPAGONE A questo vi ridurrò.

ELISA Mi ucciderò piuttosto che sposarlo.

ARPAGONE Non ti ucciderai affatto e lo sposerai. Ma guarda che audacia! S'è mai vista una figlia parlare a questo modo a suo padre?

ELISA E si è mai visto un padre maritare a questo modo sua figlia?

ARPAGONE Su un partito come questo non c'è niente da ridire; e scommetto che tutti approveranno la mia scelta.

ELISA Ed io scommetto che nessuna persona ragionevole potrebbe approvarla.

ARPAGONE Ecco Valerio: vuoi che in confidenza lo facciamo giudice del nostro caso?

ELISA Acconsento.

ARPAGONE Accetterai il suo giudizio?

ELISA Sì, mi atterrò alla sua risposta.

ARPAGONE Detto e fatto.

Scène v

Valère, Harpagon, Élise

HARPAGON Ici, Valère. Nous t'avons élu pour nous dire qui a raison, de ma fille ou de moi.

VALÈRE C'est vous, Monsieur, sans contredit.

HARPAGON Sais-tu bien de quoi nous parlons?

VALÈRE Non, mais vous ne sauriez avoir tort, et vous êtes toute raison.

HARPAGON Je veux ce soir lui donner pour époux un homme aussi riche que sage; et la coquine me dit au nez qu'elle se moque de le prendre. Que dis-tu de cela?

VALÈRE Ce que j'en dis?

HARPAGON Oui.

VALÈRE Eh, eh.

HARPAGON Quoi?

VALÈRE Je dis que dans le fond je suis de votre sentiment; et vous ne pouvez pas que vous n'ayez raison. Mais aussi n'a-t-elle pas tort tout à fait, et...

HARPAGON Comment? le seigneur Anselme est un parti considérable, c'est un gentilhomme qui est noble, doux, posé, sage, et fort accommodé, et auquel il ne reste aucun enfant de son premier mariage. Saurait-elle mieux rencontrer?

VALÈRE Cela est vrai. Mais elle pourrait vous dire que c'est un peu précipiter les choses, et qu'il faudrait au moins quel-

Scena v

Valerio, Arpagone, Elisa

ARPAGONE Vieni, Valerio. Ti abbiamo scelto come giudice: ci devi dire chi ha ragione, se io o mia figlia.

VALERIO Voi, Signore, è fuori discussione.

ARPAGONE Sai tu di che cosa stiamo parlando?

VALERIO No, ma non è possibile che abbiate torto. Voi siete la ragione stessa.

ARPAGONE Le vorrei dare questa sera per marito un uomo ricco e saggio; e questa disgraziata mi dice in faccia che se ne guarda bene dal volerlo. Tu che ne dici?

VALERIO Che ne dico?

ARPAGONE Sì.

VALERIO Eh, eh.

ARPAGONE Come?

VALERIO Dico che in linea generale sono del vostro parere; che non può darsi che voi non abbiate ragione. Ma anche lei non ha del tutto torto e...

ARPAGONE Come? Il signor Anselmo è un partito di riguardo, non solo è nobile ma ne ha anche il titolo;[15] è mite, posato, saggio, ricco la sua parte, e non ha avuto figli dal matrimonio precedente. Potrebbe capitare di meglio alla figliola?

VALERIO È vero. Ma lei potrebbe dirvi che questo significa precipitare un tantino le cose, e che sarebbe utile prender

que temps pour voir si son inclination pourra s'accommoder avec...

HARPAGON C'est une occasion qu'il faut prendre vite aux cheveux. Je trouve ici un avantage qu'ailleurs je ne trouverais pas, et il s'engage à la prendre sans dot.

VALÈRE Sans dot?

HARPAGON Oui.

VALÈRE Ah! je ne dis plus rien. Voyez-vous? voilà une raison tout à fait convaincante; il se faut rendre à cela.

HARPAGON C'est pour moi une épargne considérable.

VALÈRE Assurément, cela ne reçoit point de contradiction. Il est vrai que votre fille vous peut représenter que le mariage est une plus grande affaire qu'on ne peut croire; qu'il y va d'être heureux ou malheureux toute sa vie; et qu'un engagement qui doit durer jusqu'à la mort ne se doit jamais faire qu'avec de grandes précautions.

HARPAGON Sans dot.

VALÈRE Vous avez raison: voilà qui décide tout, cela s'entend. Il y a des gens qui pourraient vous dire qu'en de telles occasions l'inclination d'une fille est une chose sans doute où l'on doit avoir de l'égard; et que cette grande inégalité d'âge, d'humeur et de sentiments, rend un mariage sujet à des accidents très fâcheux.

HARPAGON Sans dot.

VALÈRE Ah! il n'y a pas de réplique à cela: on le sait bien; qui diantre peut aller là contre? Ce n'est pas qu'il n'y ait quantité de pères qui aimeraient mieux ménager la satisfaction de leurs filles que l'argent qu'ils pourraient donner; qui ne

tempo, per vedere se la sua inclinazione potrebbe conciliarsi con...

ARPAGONE È un'occasione da afferrare per i capelli; presenta un vantaggio che non mi capiterà mai più: lui ha promesso di sposarla senza dote.

VALERIO Senza dote?

ARPAGONE Sì.

VALERIO Allora non dico più niente. Perbacco! non c'è ragione più convincente di questa; non rimane che arrendersi.

ARPAGONE Mi consente un risparmio notevole.

VALERIO Ma certo, non ci sono obiezioni possibili. È vero che vostra figlia può farvi notare che il matrimonio è molto più importante di quanto si creda; che è in gioco l'essere felici oppure infelici per tutta la vita; e che è bene prendere certe precauzioni prima di fare una promessa che deve durare fino alla morte.

ARPAGONE Senza dote.

VALERIO Avete ragione: questo è un argomento decisivo, s'intende. Qualcuno potrebbe dirvi che in questi casi l'inclinazione di una ragazza merita ogni riguardo; e che quando c'è una grande differenza di età, di carattere, di mentalità, un matrimonio è soggetto a conseguenze molto spiacevoli.

ARPAGONE Senza dote.

VALERIO Oh! a questo non c'è risposta che tenga: lo sanno tutti, chi mai potrebbe sostenere il contrario? E non importa che ci siano tanti genitori che pensano più al contento della loro figliola che al denaro che devono tirar fuori; che

les voudraient point sacrifier à l'intérêt, et chercheraient plus que toute autre chose à mettre dans un mariage cette douce conformité qui sans cesse y maintient l'honneur, la tranquillité et la joie, et que...

HARPAGON Sans dot.

VALÈRE Il est vrai: cela ferme la bouche à tout, *sans dot.* Le moyen de résister à une raison comme celle-là?

HARPAGON (*il regarde vers le jardin*) Ouais! il me semble que j'entends un chien qui aboie. N'est-ce point qu'on en voudrait à mon argent? Ne bougez, je reviens tout à l'heure.

ÉLISE Vous moquez-vous, Valère, de lui parler comme vous faites?

VALÈRE C'est pour ne point l'aigrir, et pour en venir mieux à bout. Heurter de front ses sentiments est le moyen de tout gâter; et il y a de certains esprits qu'il ne faut prendre qu'en biaisant, des tempéraments ennemis de toute résistance, des naturels rétifs, que la vérité fait cabrer, qui toujours se roidissent contre le droit chemin de la raison, et qu'on ne mène qu'en tournant où l'on veut les conduire. Faites semblant de consentir à ce qu'il veut, vous en viendrez mieux à vos fins, et...

ÉLISE Mais ce mariage, Valère?

VALÈRE On cherchera des biais pour le rompre.

ÉLISE Mais quelle invention trouver, s'il se doit conclure ce soir?

VALÈRE Il faut demander un délai, et feindre quelque maladie.

ÉLISE Mais on découvrira la feinte, si l'on appelle des médecins.

non vorrebbero per nessuna ragione sacrificarla all'interesse e che nel matrimonio vedono soprattutto quella dolce concordia che rende durevoli l'onore, la tranquillità e la gioia, e che...

ARPAGONE Senza dote.

VALERIO È vero; e questo chiude la bocca a chiunque: *senza dote*. Come resistere a questa argomentazione?

ARPAGONE (*guardando verso il giardino*) Corbezzoli! mi par di sentire un cane che abbaia. Non vorrei che qualcuno stesse mirando ai miei soldi.[16] Non muovetevi, torno subito.

ELISA Vi divertite, Valerio, a parlargli in quel modo?

VALERIO Lo faccio per non irritarlo e per meglio venirne a capo. Confutare apertamente le sue opinioni significa rovinare tutto. Ci sono teste che bisogna prendere da un altro lato, temperamenti nemici di ogni opposizione, nature recalcitranti che la verità fa impennare, che si irrigidiscono davanti alla retta via della ragione, e che soltanto per vie traverse si possono condurre là dove si vuole. Fingete di acconsentire alle sue volontà, raggiungerete meglio il vostro scopo e...

ELISA Sì, Valerio, ma questo matrimonio?

VALERIO Troveremo il mezzo per farlo fallire.

ELISA Ma che cosa possiamo inventare, se si deve concludere questa sera?

VALERIO Bisogna chiedere una dilazione, e fingere di essere malati.

ELISA Ma se si chiamano i medici, si scoprirà la finzione.

VALÈRE Vous moquez-vous? Y connaissent-ils quelque chose? Allez, allez, vous pourrez avec eux avoir quel mal il vous plaira, ils vous trouveront des raisons pour vous dire d'où cela vient.

HARPAGON Ce n'est rien, Dieu merci.

VALÈRE Enfin notre dernier recours, c'est que la fuite nous peut mettre à couvert de tout; et si votre amour, belle Élise, est capable d'une fermeté... (*il aperçoit Harpagon*) Oui, il faut qu'une fille obéisse à son père. Il ne faut point qu'elle regarde comme un mari est fait, et lorsque la grande raison de *sans dot* s'y rencontre, elle doit être prête à prendre tout ce qu'on lui donne.

HARPAGON Bon. Voilà bien parlé, cela.

VALÈRE Monsieur, je vous demande pardon si je m'emporte un peu et prends la hardiesse de lui parler comme je fais.

HARPAGON Comment? j'en suis ravi, et je veux que tu prennes sur elle un pouvoir absolu. Oui, tu as beau fuir. Je lui donne l'autorité que le Ciel me donne sur toi, et j'entends que tu fasses tout ce qu'il te dira.

VALÈRE Après cela, résistez à mes remontrances. Monsieur, je vais la suivre, pour lui continuer les leçons que je lui faisais.

HARPAGON Oui, tu m'obligeras. Certes...

VALÈRE Il est bon de lui tenir un peu la bride haute.

HARPAGON Cela est vrai. Il faut...

VALÈRE Ne vous mettez pas en peine. Je crois que j'en viendrai à bout.

VALERIO Volete scherzare. Capiscono forse qualcosa i medici? Credete a me, qualsiasi male abbiate, trovano sempre il modo di dirvi da dove viene.

ARPAGONE Non è niente, grazie a Dio.

VALERIO Come mezzo estremo ci rimane sempre la fuga, che può metterci al riparo da tutto; e se il vostro amore, bella Elisa, è così saldo da... (*Vede Arpagone*) Sì, una ragazza deve obbedire a suo padre. Non deve badare a come è fatto un marito, e quando c'è di mezzo un grande motivo come il *senza dote* deve essere pronta a prendere tutto quello che le viene dato.

ARPAGONE È così. Ben detto.

VALERIO Signore, vi chiedo scusa se mi lascio trascinare e mi prendo la libertà di parlare in questo modo.

ARPAGONE Come? ma sono ben felice, e desidero che tu abbia su di lei un potere illimitato. È inutile che scappi, cara. Io gli conferisco l'autorità che il Cielo mi ha dato sopra di te, e voglio che tu faccia tutto quello che lui ti dirà.

VALERIO E adesso, provatevi un po' ad opporvi alle mie rimostranze.[17] Signore, la seguo, voglio continuare la ramanzina che le stavo facendo.

ARPAGONE Ti sono obbligato. Certo che...

VALERIO Non sarà male tirare un po' le briglie.

ARPAGONE È vero. Bisogna...

VALERIO Non preoccupatevi. Penso di venirne a capo.

HARPAGON Fais, fais. Je m'en vais faire un petit tour en ville, et reviens tout à l'heure.

VALÈRE Oui, l'argent est plus précieux que toutes les choses du monde, et vous devez rendre grâces au Ciel de l'honnête homme de père qu'il vous a donné. Il sait ce que c'est que de vivre. Lorsqu'on s'offre de prendre une fille sans dot, on ne doit point regarder plus avant. Tout est renfermé là-dedans, et *sans dot* tient lieu de beauté, de jeunesse, de naissance, d'honneur, de sagesse et de probité.

HARPAGON Ah! le brave garçon! Voilà parlé comme un oracle. Heureux qui peut avoir un domestique de la sorte!

ARPAGONE Fai tu, fai tu. Vado a fare un giretto in città, torno fra poco.

VALERIO Sì, il denaro è ciò che v'ha di più prezioso al mondo, e voi dovete ringraziare il Cielo di avervi dato un padre così accorto. Lui sa che cos'è la vita. Se qualcuno è disposto a prendere nostra figlia senza dote, non si deve guardare oltre. Tutto è racchiuso in questo *senza dote*, che sostituisce la bellezza, la giovinezza, la nascita, l'onore, la saggezza e la probità.[18]

ARPAGONE Ah! che bravo ragazzo! e come parla bene! Felice chi può avere alle sue dipendenze una persona del suo stampo!

Scène I

Cléante, La Flèche

CLÉANTE Ah! traître que tu es, où t'es-tu donc allé fourrer? Ne t'avais-je pas donné ordre...

LA FLÈCHE Oui, Monsieur, et je m'étais rendu ici pour vous attendre de pied ferme; mais Monsieur votre père, le plus malgracieux des hommes, m'a chassé dehors malgré moi, et j'ai couru risque d'être battu.

CLÉANTE Comment va notre affaire? Les choses pressent plus que jamais; et depuis que je ne t'ai vu, j'ai découvert que mon père est mon rival.

LA FLÈCHE Votre père amoureux?

CLÉANTE Oui; et j'ai eu toutes les peines du monde à lui cacher le trouble où cette nouvelle m'a mis.

LA FLÈCHE Lui se mêler d'aimer! De quoi diable s'avise-t-il? Se moque-t-il du monde? Et l'amour a-t-il été fait pour des gens bâtis comme lui?

CLÉANTE Il a fallu, pour mes péchés, que cette passion lui soit venue en tête.

LA FLÈCHE Mais par quelle raison lui faire un mystère de votre amour?

Scena I

Cleante, Freccia

CLEANTE Ah! traditore che tu sei, dove sei andato a cacciarti? Non ti avevo ordinato...

FRECCIA Sì, Signore, ed ero venuto qui ad aspettarvi a piè fermo; ma il Signore vostro padre, che è l'uomo più sgarbato che ci sia, mi ha sbattuto fuori contro la mia volontà, e ho corso persino il rischio di buscarle.

CLEANTE Come va il nostro affare? Il tempo incalza come non mai; da quando sei scomparso, ho scoperto che mio padre è mio rivale in amore.

FRECCIA Vostro padre è innamorato?

CLEANTE Sì, e non sai la fatica che ho fatto per nascondergli il turbamento che mi ha procurato questa notizia.

FRECCIA Pensare all'amore, uno come lui! Che cosa diavolo si è messo in mente? Vuol prendere in giro la gente? E l'amore, è forse fatto per individui costruiti a quel modo?

CLEANTE Era scritto che gli venisse quella voglia, per punirmi dei miei peccati.

FRECCIA Ma per quale motivo tener segreto il vostro amore?

CLÉANTE Pour lui donner moins de soupçon, et me conserver au besoin des ouvertures plus aisées pour détourner ce mariage. Quelle réponse t'a-t-on faite?

LA FLÈCHE Ma foi! Monsieur, ceux qui empruntent sont bien malheureux; et il faut essuyer d'étranges choses lorsqu'on en est réduit à passer, comme vous, par les mains des fesse-mathieux.

CLÉANTE L'affaire ne se fera point?

LA FLÈCHE Pardonnez-moi. Notre maître Simon, le courtier qu'on nous a donné, homme agissant et plein de zèle, dit qu'il a fait rage pour vous; et il assure que votre seule physionomie lui a gagné le coeur.

CLÉANTE J'aurai les quinze mille francs que je demande?

LA FLÈCHE Oui; mais à quelques petites conditions, qu'il faudra que vous acceptiez, si vous avez dessein que les choses se fassent.

CLÉANTE T'a-t-il fait parler à celui qui doit prêter l'argent?

LA FLÈCHE Ah! vraiment, cela ne va pas de la sorte. Il apporte encore plus de soin à se cacher que vous, et ce sont des mystères bien plus grands que vous ne pensez. On ne veut point du tout dire son nom, et l'on doit aujourd'hui l'aboucher avec vous, dans une maison empruntée, pour être instruit, par votre bouche, de votre bien et de votre famille; et je ne doute point que le seul nom de votre père ne rende les choses faciles.

CLÉANTE Et principalement notre mère étant morte, dont on ne peut m'ôter le bien.

CLEANTE Per non destare in lui troppi sospetti, e per tenere in serbo espedienti che all'occorrenza potrebbero più agevolmente allontanare il matrimonio. Che risposta ti hanno dato?

FRECCIA Ah! Signore, disgraziato chi prende denaro a prestito, parola mia! Bisogna sopportarne di molte, quando si è ridotti come voi a mettersi nelle mani di mignatte[1] del genere.

CLEANTE L'affare non si fa?

FRECCIA Scusate. Il mediatore che ci hanno indicato, mastro Simone, uomo attivo e molto solerte, dice che ha fatto l'impossibile per voi, e assicura che è stato conquistato da voi appena vi ha visto.

CLEANTE Li avrò, dunque, i quindicimila franchi che ho chiesto?

FRECCIA Sì, ma a certe condizioni, che dovete accettare, se volete che l'affare si faccia.

CLEANTE Ti ha fatto parlare con la persona che deve prestare il denaro?

FRECCIA Ah! questo non accadrà di sicuro. Si preoccupa di nascondersi molto più di voi; e il mistero che c'è sotto dev'essere più grande di quel che pensate. Si rifiutano assolutamente di dire il suo nome; e mi hanno detto che egli dovrà incontrarsi con voi in una casa che sarà messa a disposizione, per avere dalla vostra viva voce informazioni sui vostri beni e sulla vostra famiglia; non ho dubbi che basterà il nome di vostro padre a facilitare le cose.

CLEANTE Soprattutto perché, essendo morta mia madre, nessuno può portarmi via le sue sostanze.

LA FLÈCHE Voici quelques articles qu'il a dictés lui-même à notre entremetteur, pour vous être montrés, avant que de rien faire:
Supposé que le prêteur voie toutes ses sûretés, et que l'emprunteur soit majeur, et d'une famille où le bien soit ample, solide, assuré, clair, et net de tout embarras, on fera une bonne et exacte obligation par-devant un notaire, le plus honnête homme qu'il se pourra, et qui, pour cet effet, sera choisi par le prêteur, auquel il importe le plus que l'acte soit dûment dressé.

CLÉANTE Il n'y a rien à dire à cela.

LA FLÈCHE *Le prêteur, pour ne charger sa conscience d'aucun scrupule, prétend ne donner son argent qu'au denier dix-huit.*

CLÉANTE Au denier dix-huit? Parbleu! voilà qui est honnête. Il n'y a pas lieu de se plaindre.

LA FLÈCHE Cela est vrai.
Mais comme ledit prêteur n'a pas chez lui la somme dont il est question, et que pour faire plaisir à l'emprunteur, il est contraint lui-même de l'emprunter d'un autre, sur le pied du denier cinq, il conviendra que ledit premier emprunteur paye cet intérêt, sans préjudice du reste, attendu que ce n'est que pour l'obliger que ledit prêteur s'engage à cet emprunt.

CLÉANTE Comment diable! quel Juif, quel Arabe est-ce là? C'est plus qu'au denier quatre.

LA FLÈCHE Il est vrai; c'est ce que j'ai dit. Vous avez à voir là-dessus.

CLÉANTE Que veux-tu que je voie? J'ai besoin d'argent; et il faut bien que je consente à tout.

FRECCIA Queste sono alcune norme che egli ha dettato al nostro intermediario, e che voi dovete sapere prima di fare qualsiasi passo:
Supposto che il prestatore ritenga di avere sufficienti garanzie e che il beneficiario sia maggiorenne e appartenga a famiglia dal patrimonio ingente, solido, garantito, trasparente, e libero da gravami di sorta, si farà precisa e regolare obbligazione davanti a notaio la cui probità sia la maggiore possibile e che a tale effetto sarà scelto dal prestatore, cui soprattutto importa che l'atto risulti redatto in forma ineccepibile.

CLEANTE Niente da dire su questo.

FRECCIA *Il prestatore, per non aggravare di scrupoli la propria coscienza, intende prestare il proprio denaro all'interesse dell'uno per diciotto.*[2]

CLEANTE Uno per diciotto? Perbacco! Molto onesto. Non ci si può davvero lamentare.

FRECCIA È vero.
Ma poiché detto prestatore non ha presso di sé la somma in questione e dato che per compiacere al beneficiario è costretto a chiederla a sua volta in prestito a terza persona al tasso dell'uno per cinque,[3] *resta inteso che detto beneficiario paghi tale interesse, senza pregiudizio per il rimanente, atteso che detto prestatore si impegna nel presente prestito unicamente per usargli un riguardo.*

CLEANTE Accidenti! Ma che Giudeo, che Arabo[4] è quello? È più dell'uno per quattro.[5]

FRECCIA È vero. È quel che ho detto anch'io. Avete buone ragioni per opporvi.

CLEANTE Come posso oppormi? Ho bisogno di soldi; e devo accettare tutto.

LA FLÈCHE C'est la réponse que j'ai faite.

CLÉANTE Il y a encore quelque chose?

LA FLÈCHE Ce n'est plus qu'un petit article.
Des quinze mille francs qu'on demande, le prêteur ne pourra compter en argent que douze mille livres, et pour les mille écus restants, il faudra que l'emprunteur prenne les hardes, nippes, et bijoux dont s'ensuit le mémoire, et que ledit prêteur a mis, de bonne foi, au plus modique prix qu'il lui a été possible.

CLÉANTE Que veut dire cela?

LA FLÈCHE Écoutez le mémoire.
Premièrement, un lit de quatre pieds, à bandes de points de Hongrie, appliquées fort proprement sur un drap de couleur d'olive, avec six chaises et la courtepointe de même; le tout bien conditionné, et doublé d'un petit taffetas changeant rouge et bleu.
Plus, un pavillon à queue, d'une bonne serge d'Aumale rose-sèche, avec le mollet et les franges de soie.

CLÉANTE Que veut-il que je fasse de cela?

LA FLÈCHE Attendez.
Plus, une tenture de tapisserie des amours de Gombaut et de Macée.
Plus, une grande table de bois de noyer, à douze colonnes ou piliers tournés, qui se tire par les deux bouts, et garnie par le dessous de ses six escabelles.

CLÉANTE Qu'ai-je affaire, morbleu...?

LA FLÈCHE Donnez-vous patience.
Plus, trois gros mousquets tout garnis de nacre de perles, avec les trois fourchettes assortissantes.
Plus, un fourneau de brique, avec deux cornues, et trois récipients, fort utiles à ceux qui sont curieux de distiller.

FRECCIA Così ho risposto.

CLEANTE C'è altro?

FRECCIA Solo una piccola clausola.
Dei quindicimila franchi richiesti, il prestatore potrà dare in moneta sonante soltanto dodicimila lire, e per i mille scudi rimanenti[6] *è necessario che il beneficiario acquisti gli arredi, le massarizie e i gioielli di cui si fornisce elenco, e che detto prestatore ha valutato, in buona fede, al prezzo più modico possibile.*

CLEANTE Che significa tutto questo?

FRECCIA Sentite l'elenco.
In primo luogo, un letto di quattro piedi, con guarnizioni a punto di Ungheria,[7] *elegantemente cucite a una coperta color oliva, con sei sedie e sovracoperta in tinta, tutte di ottima fattura, e foderate in taffetà cangiante blu e rosso.*
Inoltre: cortine da letto in buona sargia di Aumale[8] *rosa pallido, con bordure e frange di seta.*

CLEANTE E che cosa vuole che me ne faccia?

FRECCIA Aspettate.
Inoltre: un pannello di arazzo raffigurante gli amori di Gombaut e Macée.
Inoltre: un grande tavolo in legno di noce, a colonne o pilastri ritorti in numero di dodici, allungabile da entrambi i lati, e dotato dei suoi sei sgabelli.

CLEANTE Perdinci! ma io che c'entro...?

FRECCIA Abbiate pazienza.
Inoltre: tre grandi moschetti con decorazioni in madreperla e tre assortite forchette d'appoggio.
Inoltre: un fornello di terracotta con due storte e tre recipienti, molto utili a chi ha vaghezza di distillare.

CLÉANTE J'enrage.

LA FLÈCHE Doucement.
Plus, un luth de Bologne, garni de toutes ses cordes, ou peu s'en faut.
Plus, un trou-madame, et un damier, avec un jeu de l'oie renouvelé des Grecs, fort propres à passer le temps lorsque l'on n'a que faire.
Plus, une peau de lézard, de trois pieds et demi, remplie de foin, curiosité agréable pour pendre au plancher d'une chambre.
Le tout, ci-dessus mentionné, valant loyalement plus de quatre mille cinq cents livres, et rabaissé à la valeur de mille écus, par la discrétion du prêteur.

CLÉANTE Que la peste l'étouffe avec sa discrétion, le traître, le bourreau qu'il est! A-t-on jamais parlé d'une usure semblable? Et n'est-il pas content du furieux intérêt qu'il exige, sans vouloir encore m'obliger à prendre, pour trois mille livres, les vieux rogatons qu'il ramasse? Je n'aurai pas deux cents écus de tout cela; et cependant il faut bien me résoudre à consentir à ce qu'il veut, car il est en état de me faire tout accepter, et il me tient, le scélérat, le poignard sur la gorge.

LA FLÈCHE Je vous vois, Monsieur, ne vous en déplaise, dans le grand chemin justement que tenait Panurge pour se ruiner, prenant argent d'avance, achetant cher, vendant à bon marché, et mangeant son blé en herbe.

CLÉANTE Que veux-tu que j'y fasse? Voilà où les jeunes gens sont réduits par la maudite avarice des pères; et on s'étonne après cela que les fils souhaitent qu'ils meurent.

LA FLÈCHE Il faut avouer que le vôtre animerait contre sa vilanie le plus posé homme du monde. Je n'ai pas, Dieu merci, les inclinations fort patibulaires; et parmi mes confrères que je vois se mêler de beaucoup de petits commer-

CLEANTE Mi fa una rabbia!

FRECCIA State calmo.

Inoltre: un liuto di Bologna,[9] *completo di tutte le sue corde, o poco meno.*

Inoltre: un biliardino da tavolo e una scacchiera, con gioco dell'oca dei Greci rimesso a nuovo, mezzi indicatissimi come passatempo, quando non si abbia niente da fare.

Inoltre: una pelle di ramarro, di tre piedi e mezzo, imbottita di crine, elemento originale e piacevole da appendere al soffitto di una camera.

Il tutto, qui sopra menzionato, per un valore reale di oltre quattromilacinquecento lire, abbassato a mille scudi grazie al ritegno del prestatore.

CLEANTE Crepi di peste lui e il suo ritegno, quel farabutto, quel boia! S'è mai sentito dire di un'usura come questa? Non contento dell'enorme interesse che pretende, vuole anche obbligarmi a prendere, per tremila lire, tutti i vecchi cascami che riesce a ramazzare. Con questa roba non arriverò a duecento scudi; e d'altra parte devo pur decidermi a dirgli di sì, è nella condizione di farmi accettare quel che vuole, sono nelle sue mani, ho il coltello alla gola.

FRECCIA Io vi vedo, Signore, non ve ne dispiaccia, sulla strada che ha seguito Panurgo[10] per andare in rovina, facendo debiti, comprando a caro prezzo, vendendo a buon mercato, e mangiando il grano quando è ancora verde.

CLEANTE E che cosa ci posso fare? A questo si riducono i giovani per la maledetta avarizia dei padri; e poi ci si meraviglia se si augurano che i padri muoiano.

FRECCIA Bisogna riconoscere che il vostro renderebbe furioso, con la sua grettezza, l'uomo più pacifico del mondo. Io non ho, grazie a Dio, una grande inclinazione ad essere impiccato; e in mezzo a tanti miei simili che si gettano continuamente in piccoli traffici, riesco con una certa abilità a

ces, je sais tirer adroitement mon épingle du jeu, et me démêler prudemment de toutes les galanteries qui sentent tant soit peu l'échelle; mais, à vous dire vrai, il me donnerait, par ses procédés, des tentations de le voler; et je croirais, en le volant, faire une action méritoire.

CLÉANTE Donne-moi un peu ce mémoire, que je le voie encore.

Scène II

Maître Simon, Harpagon, Cléante, La Flèche

MAÎTRE SIMON Oui, Monsieur, c'est un jeune homme qui a besoin d'argent. Ses affaires le pressent d'en trouver, et il en passera par tout ce que vous en prescrirez.

HARPAGON Mais croyez-vous, maître Simon, qu'il n'y ait rien à péricliter? et savez-vous le nom, les biens et la famille de celui pour qui vous parlez?

MAÎTRE SIMON Non, je ne puis pas bien vous en instruire à fond, et ce n'est que par aventure que l'on m'a adressé à lui; mais vous serez de toutes choses éclairci par lui-même; et son homme m'a assuré que vous serez content, quand vous le connaîtrez. Tout ce que je saurais vous dire, c'est que sa famille est fort riche, qu'il n'a plus de mère déjà, et qu'il s'obligera, si vous voulez, que son père mourra avant qu'il soit huit mois.

HARPAGON C'est quelque chose que cela. La charité, maître Simon, nous oblige à faire plaisir aux personnes, lorsque nous le pouvons.

MAÎTRE SIMON Cela s'entend.

LA FLÈCHE Que veut dire ceci? Notre maître Simon qui parle à votre père.

rimanere fuori dal gioco e a sbarazzarmi prudentemente di tutte quelle civetterie che odorano un tantino di patibolo; ma se devo dire la verità, lui col suo comportamento mi fa venire la tentazione di derubarlo; e mi sembrerebbe, derubandolo, di compiere un'azione meritoria.

CLEANTE Dammi un po' l'elenco, voglio rivederlo.

Scena II

Mastro Simone, Arpagone, Cleante, Freccia

MASTRO SIMONE Sì, Signore, è un giovane che ha bisogno di soldi. Ha urgenza di trovarne per i suoi affari, e non baderà alle condizioni che vorrete imporre.

ARPAGONE Ma voi credete, mastro Simone, che non vi sia repentaglio alcuno? e conoscete il nome, i beni e la famiglia di colui in nome del quale parlate?

MASTRO SIMONE No, non posso darvi informazioni complete, è del tutto casuale che mi abbiano mandato da lui; ma vi chiarirà ogni cosa lui medesimo; e il suo uomo mi ha assicurato che ne sarete soddisfatto, quando lo conoscerete. Tutto quel che posso dirvi è che la sua famiglia è molto ricca, che non ha più la madre e che se volete può sottoscrivere che suo padre morirà entro otto mesi.

ARPAGONE È già qualcosa. La carità, mastro Simone, ci obbliga a far del bene alla gente, quando possiamo.

MASTRO SIMONE S'intende.

FRECCIA Oh! questa è bella. Il nostro mastro Simone sta parlando a vostro padre.[11]

CLÉANTE Lui aurait-on appris qui je suis? et serais-tu pour nous trahir?

MAÎTRE SIMON Ah! ah! vous êtes bien pressés! Qui vous a dit que c'était céans? Ce n'est pas moi, Monsieur, au moins, qui leur ai découvert votre nom et votre logis; mais, à mon avis, il n'y a pas grand mal à cela. Ce sont des personnes discrètes, et vous pouvez ici vous expliquer ensemble.

HARPAGON Comment?

MAÎTRE SIMON Monsieur est la personne qui veut vous emprunter les quinze mille livres dont je vous ai parlé.

HARPAGON Comment, pendard? c'est toi qui t'abandonnes à ces coupables extrémités?

CLÉANTE Comment, mon père? c'est vous qui vous portez à ces honteuses actions?

HARPAGON C'est toi qui te veux ruiner par des emprunts si condamnables?

CLÉANTE C'est vous qui cherchez à vous enrichir par des usures si criminelles?

HARPAGON Oses-tu bien, après cela, paraître devant moi!

CLÉANTE Osez-vous bien, après cela, vous présenter aux yeux du monde?

HARPAGON N'as-tu point de honte, dis-moi, d'en venir à ces débauches-là? de te précipiter dans des dépenses effroyables? et de faire une honteuse dissipation du bien que tes parents t'ont amassé avec tant de sueurs?

CLÉANTE Ne rougissez-vous point de déshonorer votre condition par les commerces que vous faites? de sacrifier gloire

CLEANTE Gli avrà detto chi sono? e tu non vorrai mica tradirmi?

MASTRO SIMONE Ah! ma che fretta avete! Chi vi ha detto che il posto era questo?[12] Non sono io, Signore, che ho rivelato il vostro nome e la vostra casa; ma, a mio parere, non c'è niente di male. Sono persone discrete e potete insieme spiegarvi.

ARPAGONE Come?

MASTRO SIMONE Il Signore è la persona che vuol prendere da voi a prestito le quindicimila lire di cui vi ho parlato.

ARPAGONE Come, delinquente? Sei tu[13] che ti abbandoni a questi abominevoli eccessi?

CLEANTE Come, padre mio? siete voi che commettete queste azioni vergognose?

ARPAGONE Sei tu che vuoi rovinarti con debiti così riprovevoli?

CLEANTE Siete voi che cercate di arricchirvi con usure così nefande?

ARPAGONE E osi ancora comparirmi davanti?

CLEANTE E osate ancora presentarvi agli occhi della gente?

ARPAGONE Non hai vergogna, dimmi, di giungere a tale dissolutezza? di lasciarti andare a questi tremendi sperperi? di dissipare vergognosamente la fortuna che i tuoi genitori ti hanno accumulato con tanto sudore?

CLEANTE E voi non arrossite di disonorare il vostro stato coi traffici che fate? di sacrificare nome e reputazione al deside-

et réputation au désir insatiable d'entasser écu sur écu, et de renchérir, en fait d'intérêts, sur les plus infâmes subtilités qu'aient jamais inventées les plus célèbres usuriers?

HARPAGON Ôte-toi de mes yeux, coquin! ôte-toi de mes yeux!

CLÉANTE Qui est plus criminel, à votre avis, ou celui qui achète un argent dont il a besoin, ou bien celui qui vole un argent dont il n'a que faire?

HARPAGON Retire-toi, te dis-je, et ne m'échauffe pas les oreilles. Je ne suis pas fâché de cette aventure; et ce m'est un avis de tenir l'oeil, plus que jamais, sur toutes ses actions.

Scène III

Frosine, Harpagon

FROSINE Monsieur...

HARPAGON Attendez un moment; je vais revenir vous parler. Il est à propos que je fasse un petit tour à mon argent.

Scène IV

La Flèche, Frosine

LA FLÈCHE L'aventure est tout à fait drôle. Il faut bien qu'il ait quelque part un ample magasin de hardes; car nous n'avons rien reconnu au mémoire que nous avons.

FROSINE Hé! c'est toi, mon pauvre La Flèche? D'où vient cette rencontre?

rio insaziabile di accumulare uno scudo dopo l'altro e di rincarare gli interessi con i più infami espedienti che gli usurai abbiano mai inventato?

ARPAGONE Non farti più vedere, manigoldo, non farti più vedere!

CLEANTE Chi è più colpevole, a vostro parere, chi compra del denaro perché ne ha bisogno o chi ruba del denaro di cui non sa che fare?

ARPAGONE Vattene, ti dico, e non rompermi il capo. Non mi dispiace neanche quest'avventura; mi avverte di tenere più che mai gli occhi aperti sul suo comportamento.

Scena III

Frosina, Arpagone

FROSINA Signore...

ARPAGONE Aspettate un momento, vi devo parlare; torno subito. È opportuno ch'io faccia una visitina al mio denaro.[14]

Scena IV

Freccia, Frosina

FRECCIA Del tutto bizzarra quest'avventura. Ci dev'essere da qualche parte un grande magazzino pieno di ciarpame, perché nell'elenco non c'è una sola cosa di nostra conoscenza.

FROSINA Oh, sei tu, mio povero Freccia? A che si deve questo incontro?

LA FLÈCHE Ah! ah! c'est toi, Frosine. Que viens-tu faire ici?

FROSINE Ce que je fais partout ailleurs: m'entremettre d'affaires, me rendre serviable aux gens, et profiter du mieux qu'il m'est possible des petits talents que je puis avoir. Tu sais que dans ce monde il faut vivre d'adresse, et qu'aux personnes comme moi le Ciel n'a donné d'autres rentes que l'intrigue et que l'industrie.

LA FLÈCHE As-tu quelque négoce avec le patron du logis?

FROSINE Oui, je traite pour lui quelque petite affaire, dont j'espère une récompense.

LA FLÈCHE De lui? Ah, ma foi! tu seras bien fine si tu en tires quelque chose; et je te donne avis que l'argent céans est fort cher.

FROSINE Il y a de certains services qui touchent merveilleusement.

LA FLÈCHE Je suis votre valet, et tu ne connais pas encore le seigneur Harpagon. Le seigneur Harpagon est de tous les humains l'humain le moins humain, le mortel de tous les mortels le plus dur et le plus serré. Il n'est point de service qui pousse sa reconnaissance jusqu'à lui faire ouvrir les mains. De la louange, de l'estime, de la bienveillance en paroles et de l'amitié tant qu'il vous plaira; mais de l'argent, point d'affaires. Il n'est rien de plus sec et de plus aride que ses bonnes grâces et ses caresses; et *donner* est un mot pour qui il a tant d'aversion, qu'il ne dit jamais: *Je vous donne*, mais: *Je vous prête le bonjour*.

FROSINE Mon Dieu! je sais l'art de traire les hommes, j'ai le secret de m'ouvrir leur tendresse, de chatouiller leurs coeurs, de trouver les endroits par où ils sont sensibles.

LA FLÈCHE Bagatelles ici. Je te défie d'attendrir, du côté de

FRECCIA Ah, ah, sei tu, Frosina? Che cosa sei venuta a fare qui?

FROSINA Quel che faccio dappertutto: intromettermi in ogni faccenda, rendermi utile alla gente, e mettere a frutto nel miglior modo possibile le poche capacità che ho. Tu sai che a questo mondo bisogna essere furbi e che la sola rendita che il Cielo ha concesso alla gente come me è l'intrigo e il darsi da fare.

FRECCIA Hai un negozio col padrone di casa?

FROSINA Sì, devo trattare degli affarucci, da cui mi riprometto qualche ricompensa.

FRECCIA Da lui? Ah! garantito, se riesci a cavargli qualcosa sei un portento; ti avverto subito che qui il denaro costa caro.

FROSINA Ci sono servizietti che fruttano a meraviglia.

FRECCIA Se lo dici tu...[15] ma non conosci ancora il signor Arpagone. Il signor Arpagone è di tutti gli umani l'umano meno umano, il mortale di tutti i mortali il più coriaceo e chiuso. Non c'è servizio che possa spingere la sua gratitudine a fargli aprire la borsa. Lodi, stima, benevolenza a parole, fin che vuoi; ma soldi niente. Non c'è niente di più secco e arido delle sue buone maniere e dei suoi complimenti; ha tanta avversione per la parola *dare* che non dice mai: *Io vi do*, ma: *Vi presto la buonasera*.

FROSINA Sarà; ma io so bene come si mungono[16] gli uomini, conosco il segreto per destare i loro sentimenti, solleticare i loro cuori, scovare i loro punti deboli.

FRECCIA Bazzecole, qui dentro. Ti sfido a render più duttile,

l'argent, l'homme dont il est question. Il est turc là-dessus, mais d'une turquerie à désespérer tout le monde; et l'on pourrait crever, qu'il n'en branlerait pas. En un mot, il aime l'argent, plus que réputation, qu'honneur et que vertu; et la vue d'un demandeur lui donne des convulsions. C'est le frapper par son endroit mortel, c'est lui percer le coeur, c'est lui arracher les entrailles; et si... Mais il revient; je me retire.

Scène v

Harpagon, Frosine

HARPAGON Tout va comme il faut. Hé bien! qu'est-ce, Frosine?

FROSINE Ah! mon Dieu! que vous vous portez bien! et que vous avez là un vrai visage de santé!

HARPAGON Qui, moi?

FROSINE Jamais je ne vous vis un teint si frais et si gaillard.

HARPAGON Tout de bon?

FROSINE Comment? vous n'avez de votre vie été si jeune que vous êtes; et je vois des gens de vingt-cinq ans qui sont plus vieux que vous.

HARPAGON Cependant, Frosine, j'en ai soixante bien comptés.

FROSINE Hé bien! qu'est-ce que cela, soixante ans? Voilà bien de quoi! C'est la fleur de l'âge cela, et vous entrez maintenant dans la belle saison de l'homme.

HARPAGON Il est vrai; mais vingt années de moins pourtant ne me feraient point de mal, que je crois.

sotto l'aspetto del denaro, la persona di cui parliamo. È peggio di un Turco,[17] in questo senso; ma di una turcheria da far ammattire tutti; e potresti crepare che non batterebbe ciglio. In breve, ama il denaro più della reputazione, dell'onore e della virtù; e il vedere un postulante gli fa venire le convulsioni, è qualcosa che lo colpisce a morte, gli trapassa il cuore, gli strappa le viscere; e se... Ma sta tornando, mi ritiro...

Scena v

Arpagone, Frosina

ARPAGONE Tutto bene. E allora! che si dice, Frosina?

FROSINA Ah! mio Dio! ma voi state d'incanto! davvero siete il ritratto della salute.

ARPAGONE Chi, io?

FROSINA Non vi ho mai visto con un colorito così fresco e rubizzo.

ARPAGONE Dite davvero?

FROSINA Come no? non siete mai stato in vita vostra giovane come ora; c'è gente di venticinque anni che è più vecchia di voi.

ARPAGONE Eppure, Frosina, sono sessanta suonati.

FROSINA E con questo? che cosa sono sessant'anni? Ma che discorsi! Siete nel fiore dell'età, entrate ora nella stagione migliore dell'uomo.

ARPAGONE È vero; ma vent'anni di meno non mi farebbero male, penso.

FROSINE Vous moquez-vous? Vous n'avez pas besoin de cela, et vous êtes d'une pâte à vivre jusques à cent ans.

HARPAGON Tu le crois!

FROSINE Assurément. Vous en avez toutes les marques. Tenez-vous un peu. Oh! que voilà bien là, entre vos deux yeux, un signe de longue vie!

HARPAGON Tu te connais à cela?

FROSINE Sans doute. Montrez-moi votre main. Ah! mon Dieu! quelle ligne de vie!

HARPAGON Comment?

FROSINE Ne voyez-vous pas jusqu'où va cette ligne-là?

HARPAGON Hé bien! qu'est-ce que cela veut dire?

FROSINE Par ma foi! je disais cent ans; mais vous passerez les six-vingts.

HARPAGON Est-il possible?

FROSINE Il faudra vous assommer, vous dis-je; et vous mettrez en terre et vos enfants, et les enfants de vos enfants.

HARPAGON Tant mieux. Comment va notre affaire?

FROSINE Faut-il le demander? et me voit-on mêler de rien dont je ne vienne à bout? J'ai surtout pour les mariages un talent merveilleux; il n'est point de partis au monde que je ne trouve en peu de temps le moyen d'accoupler; et je crois, si je me l'étais mis en tête, que je marierais le Grand Turc avec la République de Venise. Il n'y avait pas sans doute de si grandes difficultés à cette affaire-ci. Comme j'ai commerce chez elles, je les ai à fond l'une et l'autre entretenues

FROSINA Scherzate? Non ne avete alcuna necessità e siete d'una tempra, voi, da vivere fino a cent'anni.

ARPAGONE Credi?

FROSINA Ma certo. Ne avete tutti i segni. Fatevi un po' vedere. Oh! ma guardalo lì, fra i due occhi, un segno di lunga vita.

ARPAGONE Tu sei un'esperta in queste cose?

FROSINA Sicuro. Fatemi vedere la mano. Ah! mio Dio! che straordinaria linea della vita!

ARPAGONE Come?

FROSINA Ma non vedete fin dove arriva questa linea?

ARPAGONE Sì, ma che vuol dire?

FROSINA Da non credere! ho detto cent'anni, ma voi passerete i centoventi.

ARPAGONE Possibile?

FROSINA Dovranno accopparvi, vi dico; voi seppellirete i vostri figli e i figli dei vostri figli.

ARPAGONE Meglio così. Come va la nostra faccenduola?

FROSINA E me lo chiedete? mi occupo mai di qualcosa che non riesca a portare a buon fine? Soprattutto per i matrimoni ho un vero talento; non ci sono persone al mondo che io non riesca in poco tempo ad accoppiare; e credo che se lo volessi riuscirei a maritare la Repubblica di Venezia con il Gran Turco. In verità, il caso non presentava grosse difficoltà. Essendo già in rapporto con esse, ho parlato a lungo di voi all'una e all'altra, e ho detto alla madre dell'interesse che

de vous, et j'ai dit à la mère le dessein que vous aviez conçu pour Mariane, à la voir passer dans la rue, et prendre l'air à sa fenêtre.

HARPAGON Qui a fait réponse...

FROSINE Elle a reçu la proposition avec joie; et quand je lui ai témoigné que vous souhaitiez fort que sa fille assistât ce soir au contrat de mariage qui se doit faire de la vôtre, elle y a consenti sans peine, et me l'a confiée pour cela.

HARPAGON C'est que je suis obligé, Frosine, de donner à souper au seigneur Anselme; et je serais bien aise qu'elle soit du régale.

FROSINE Vous avez raison. Elle doit après dîner rendre visite à votre fille, d'où elle fait son compte d'aller faire un tour à la foire, pour venir ensuite au souper.

HARPAGON Hé bien! elles iront ensemble dans mon carrosse, que je leur prêterai.

FROSINE Voilà justement son affaire.

HARPAGON Mais, Frosine, as-tu entretenu la mère touchant le bien qu'elle peut donner à sa fille? Lui as-tu dit qu'il fallait qu'elle s'aidât un peu, qu'elle fît quelque effort, qu'elle se saignât pour une occasion comme celle-ci? Car encore n'épouse-t-on point une fille, sans qu'elle apporte quelque chose.

FROSINE Comment? c'est une fille qui vous apportera douze mille livres de rente.

HARPAGON Douze mille livres de rente!

FROSINE Oui. Premièrement, elle est nourrie et élevée dans

avete per Mariana, avendola vista passare per la via, o alla finestra a prendere il fresco.

ARPAGONE E la risposta?

FROSINA Ha accolto la proposta con gioia; e quando le ho garantito che era vostro vivo desiderio che sua figlia assistesse alla cerimonia del contratto, che si deve stendere stasera per il matrimonio della figliola vostra, ha acconsentito senza difficoltà e mi ha affidato la ragazza.

ARPAGONE Purtroppo, Frosina, mi tocca invitare a cena il signor Anselmo; e non mi dispiacerebbe che la ragazza partecipasse al festino.

FROSINA Avete ragione. Essa deve render visita a vostra figlia subito dopo pranzo, e avrebbe intenzione di andare poi a fare una capatina alla fiera;[18] in seguito, potrebbe venire qui per la cena.

ARPAGONE Bene. Possono andare insieme con la mia carrozza, gliela posso prestare.

FROSINA Cade davvero a proposito.

ARPAGONE Ma, Frosina, hai interrogato la madre sulla dote che può dare alla ragazza? Le hai detto che deve contribuire anche lei un poco, che deve fare uno sforzo, tirar fuori qualche lira per un'occasione come questa? Perché insomma non si marita una figliola senza darle qualcosa in dote.

FROSINA Come? ma se la ragazza vi porta dodicimila lire di rendita!

ARPAGONE Dodicimila lire di rendita!

FROSINA Sì. Prima di tutto, è stata allevata e nutrita rispar-

une grande épargne de bouche; c'est une fille accoutumée à vivre de salade, de lait, de fromage et de pommes, et à laquelle par conséquent il ne faudra ni table bien servie, ni consommés exquis, ni orges mondés perpétuels, ni les autres délicatesses qu'il faudrait pour une autre femme; et cela ne va pas à si peu de chose, qu'il ne monte bien, tous les ans, à trois mille francs pour le moins. Outre cela, elle n'est curieuse que d'une propreté fort simple, et n'aime point les superbes habits, ni les riches bijoux, ni les meubles somptueux, où donnent ses pareilles avec tant de chaleur; et cet article-là vaut plus de quatre mille livres par an. De plus, elle a une aversion horrible pour le jeu, ce qui n'est pas commun aux femmes d'aujourd'hui; et j'en sais une de nos quartiers qui a perdu, à trente-et-quarante, vingt mille francs cette année. Mais n'en prenons rien que le quart. Cinq mille francs au jeu par an, et quatre mille francs en habits et bijoux, cela fait neuf mille livres; et mille écus que nous mettons pour la nourriture, ne voilà-t-il pas par année vos douze mille francs bien comptés?

HARPAGON Oui, cela n'est pas mal; mais ce compte-là n'est rien de réel.

FROSINE Pardonnez-moi. N'est-ce pas quelque chose de réel, que de vous apporter en mariage une grande sobriété, l'héritage d'un grand amour de simplicité de parure, et l'acquisition d'un grand fonds de haine pour le jeu?

HARPAGON C'est une raillerie, que de vouloir me constituer son dot de toutes les dépenses qu'elle ne fera point. Je n'irai pas donner quittance de ce que je ne reçois pas; et il faut bien que je touche quelque chose.

FROSINE Mon Dieu! vous toucherez assez; et elles m'ont parlé d'un certain pays où elles ont du bien dont vous serez le maître.

HARPAGON Il faudra voir cela. Mais, Frosine, il y a encore

miando sul vitto; è una ragazza abituata a vivere di insalate, di latte, di formaggio e di mele, e che di conseguenza non ha bisogno di lussuose imbandigioni, né di brodi ristretti, né di perpetue minestrine di orzo perlato,[19] né di tutti quei manicaretti che con un'altra donna non si possono evitare; non è poi tanto poco, in questo modo si possono risparmiare tremila franchi all'anno come minimo. Inoltre, la figliola pretende soltanto di essere vestita dignitosamente, non ama gli abiti vistosi, i ricchi gioielli, i mobili sfarzosi, verso i quali le sue simili dimostrano un'entusiastica inclinazione; e questo è un altro articolo che vale più di quattromila lire all'anno. In più, essa nutre un'orribile avversione per il gioco, cosa assai poco comune nelle donne oggigiorno; ne conosco una nel nostro quartiere che quest'anno ha perduto al trenta e quaranta[20] ventimila franchi. Ma riduciamo pure la cifra a un quarto. Cinquemila franchi all'anno per il gioco e altri quattromila in abiti e gioielli, fanno novemila lire; più mille scudi che calcoliamo sul vitto, non s'arriva forse in un anno a dodicimila franchi uno sull'altro?

ARPAGONE Sì, tutto questo va benissimo; ma nel vostro conto non c'è nulla di reale.

FROSINA Scusate. Non è qualcosa di reale che una sposa vi porti la dote di una grande parsimonia, l'eredità di un grande amore per la costumatezza del vestire, la proprietà fondiaria di un grande odio per il gioco?

ARPAGONE Mi pare una beffa gabellarmi per dote tutte le spese che non farà. Non intendo rilasciare ricevuta per ciò che non prendo; bisogna pure che tirino fuori qualcosa.

FROSINA Dio mio! tireranno fuori abbastanza; mi hanno detto che da qualche parte hanno una proprietà che diventerà vostra.

ARPAGONE Per questo si vedrà. Tuttavia, Frosina, c'è un'al-

une chose qui m'inquiète. La fille est jeune, comme tu vois; et les jeunes gens d'ordinaire n'aiment que leurs semblables, ne cherchent que leur compagnie. J'ai peur qu'un homme de mon âge ne soit pas de son goût; et que cela ne vienne à produire chez moi certains petits désordres qui ne m'accommoderaient pas.

FROSINE Ah! que vous la connaissez mal! C'est encore une particularité que j'avais à vous dire. Elle a une aversion épouvantable pour tous les jeunes gens, et n'a de l'amour que pour les vieillards.

HARPAGON Elle?

FROSINE Oui, elle. Je voudrais que vous l'eussiez entendue parler là-dessus. Elle ne peut souffrir du tout la vue d'un jeune homme; mais elle n'est point plus ravie, dit-elle, que lorsqu'elle peut voir un beau vieillard avec une barbe majestueuse. Les plus vieux sont pour elle les plus charmants, et je vous avertis de n'aller pas vous faire plus jeune que vous êtes. Elle veut tout au moins qu'on soit sexagénaire; et il n'y a pas quatre mois encore, qu'étant prête d'être mariée, elle rompit tout net le mariage, sur ce que son amant fit voir qu'il n'avait que cinquante-six ans, et qu'il ne prit point de lunettes pour signer le contrat.

HARPAGON Sur cela seulement?

FROSINE Oui. Elle dit que ce n'est pas contentement pour elle que cinquante-six ans; et surtout, elle est pour les nez qui portent des lunettes.

HARPAGON Certes, tu me dis là une chose toute nouvelle.

FROSINE Cela va plus loin qu'on ne vous peut dire. On lui voit dans sa chambre quelques tableaux et quelques estampes; mais que pensez-vous que ce soit? Des Adonis? des Céphales? des Pâris? et des Apollons? Non: de beaux por-

tra cosa che m'inquieta. La ragazza è giovane, come vedi; e i giovani di solito hanno simpatia soltanto per i loro uguali, cercano soltanto la loro compagnia. Temo che un uomo della mia età non sia di suo gradimento; e che questo possa determinare in famiglia certi piccoli sconvolgimenti che non vedrei di buon occhio.

FROSINA Ah! come si vede che non la conoscete. Ecco un'altra cosa che non vi avevo ancora detto. Ha una tremenda avversione per tutti i giovani, le piacciono solo i vecchi.

ARPAGONE Solo i vecchi?

FROSINA Solo i vecchi. Avreste dovuto sentirla, mentre ne parlava. Non può sopportare la vista di un giovane, ma va in solluchero, dice, quando può vedere un bel vecchio dalla barba maestosa. E più sono vecchi più ne sente il fascino; e vi avverto: non cercate di sembrare più giovane di quel che siete. Per lei, bisogna avere almeno sessant'anni; soltanto quattro mesi fa, quando tutto era pronto perché si sposasse, ruppe di colpo il matrimonio perché si era accorta che il fidanzato aveva solo cinquantasei anni e non aveva messo gli occhiali per firmare il contratto.

ARPAGONE Solo per questo?

FROSINA Sì. Dice che per lei cinquantasei anni non sono sufficienti; e soprattutto ama i nasi che portano gli occhiali.

ARPAGONE Certo, mi stai dicendo una cosa per me tutta nuova.

FROSINA E ha conseguenze più gravi di quanto potete immaginare. Nella sua camera potete vedere dei quadri, delle stampe; che cosa pensate che rappresentino? Adone? Cefalo? Paride? Apollo? No: son ritratti di Saturno, del re Pria-

traits de Saturne, du roi Priam, du vieux Nestor, et du bon père Anchise sur les épaules de son fils.

HARPAGON Cela est admirable! Voilà ce que je n'aurais jamais pensé; et je suis bien aise d'apprendre qu'elle est de cette humeur. En effet, si j'avais été femme, je n'aurais point aimé les jeunes hommes.

FROSINE Je le crois bien. Voilà de belles drogues que des jeunes gens, pour les aimer! Ce sont de beaux morveux, de beaux godelureaux, pour donner envie de leur peau; et je voudrais bien savoir quel ragoût il y a à eux.

HARPAGON Pour moi, je n'y en comprends point; et je ne sais pas comment il y a des femmes qui les aiment tant.

FROSINE Il faut être folle fieffée. Trouver la jeunesse aimable! est-ce avoir le sens commun? Sont-ce des hommes que de jeunes blondins? et peut-on s'attacher à ces animaux-là?

HARPAGON C'est ce que je dis tous les jours: avec leur ton de poule laitée, et leurs trois petits brins de barbe relevés en barbe de chat, leurs perruques d'étoupes, leurs hauts-de-chausses tout tombants, et leurs estomacs débraillés.

FROSINE Eh! cela est bien bâti, auprès d'une personne comme vous. Voilà un homme cela. Il y a là de quoi satisfaire à la vue; et c'est ainsi qu'il faut être fait, et vêtu, pour donner de l'amour.

HARPAGON Tu me trouves bien?

FROSINE Comment? vous êtes à ravir, et votre figure est à peindre. Tournez-vous un peu, s'il vous plaît. Il ne se peut pas mieux. Que je vous voie marcher. Voilà un corps taillé, libre, et dégagé comme il faut, et qui ne marque aucune incommodité.

mo, del vecchio Nestore, e del buon padre Anchise sulle spalle del figlio.[21]

ARPAGONE Meraviglioso! Non lo avrei mai pensato; e sono ben contento di sapere che la ragazza ha di queste propensioni. In effetti, se fossi nato donna, i giovani non mi sarebbero piaciuti.

FROSINA Lo credo bene. I giovani? merce di scarto, come possono piacere? Mocciosetti, zerbinotti che non vien certo voglia di accarezzare. Che gusto ci si prova, con loro, vorrei proprio saperlo.

ARPAGONE Io per me non li capisco davvero, e mi chiedo come ci siano donne a cui piacciano tanto.

FROSINA Bisogna essere pazze furiose. Sentir l'incanto della giovinezza, che senso ha? Come chiamare uomini quei garzoncelli di primo pelo?[22] Come ci si può affezionare a una fauna del genere?

ARPAGONE È quel che dico sempre: con quell'aria da gallinelle,[23] quei tre peluzzi di barba tirati su a mo' di capretta, le loro parrucche di stoppa, i pantaloni cascanti e il petto tutto aggrovigliato.[24]

FROSINA Combinati proprio a dovere, in confronto ad uno come voi. Eccolo, un uomo. In voi sì che la vista ha la sua parte; così dev'essere fatto, e vestito, l'uomo che suscita l'amore.

ARPAGONE Ti sembro ben messo?

FROSINA Come no? Avete una figura che avvince, è da dipingere. Giratevi un po', per favore. Meglio non è possibile. Mostratemi come camminate. Un corpo ben modellato, libero, sciolto come si deve, che non denuncia alcun impaccio.

HARPAGON Je n'en ai pas de grandes, Dieu merci. Il n'y a que ma fluxion, qui me prend de temps en temps.

FROSINE Cela n'est rien. Votre fluxion ne vous sied point mal, et vous avez grâce à tousser.

HARPAGON Dis-moi un peu: Mariane ne m'a-t-elle point encore vu? N'a-t-elle point pris garde à moi en passant?

FROSINE Non; mais nous nous sommes fort entretenues de vous. Je lui ai fait un portrait de votre personne; et je n'ai pas manqué de lui vanter votre mérite, et l'avantage que ce lui serait d'avoir un mari comme vous.

HARPAGON Tu as bien fait, et je t'en remercie.

FROSINE J'aurais, Monsieur, une petite prière à vous faire. (*Il prend un air sévère*) J'ai un procès que je suis sur le point de perdre, faute d'un peu d'argent; et vous pourriez facilement me procurer le gain de ce procès, si vous aviez quelque bonté pour moi. (*Il reprend un air gai*) Vous ne sauriez croire le plaisir qu'elle aura de vous voir. Ah! que vous lui plairez! et que votre fraise à l'antique fera sur son esprit un effet admirable! Mais surtout elle sera charmée de votre haut-de-chausses, attaché au pourpoint avec des aiguillettes, c'est pour la rendre folle de vous; et un amant aiguilleté sera pour elle un ragoût merveilleux.

HARPAGON Certes, tu me ravis de me dire cela.

FROSINE (*il reprend son visage sévère*) En vérité, Monsieur, ce procès m'est d'une conséquence tout à fait grande. Je suis ruinée, si je le perds; et quelque petite assistance me rétablirait mes affaires. (*Il reprend un air gai*) Je voudrais que vous eussiez vu le ravissement où elle était à m'entendre parler de vous. La joie éclatait dans ses yeux, au récit de vos qualités; et je l'ai mise enfin dans une impatience extrême de voir ce mariage entièrement conclu.

ARPAGONE Non ne ho di evidenti, grazie a Dio. Ho solo un po' di catarro,[25] che si ravviva di tanto in tanto.

FROSINA Non è niente. Il catarro, in voi, non disturba affatto. Voi tossite con molta distinzione.

ARPAGONE Dimmi un po': Mariana ha mai avuto occasione di vedermi? Si è mai accorta di me incontrandomi?

FROSINA No; ma di voi abbiamo parlato a lungo. Le ho fatto il vostro ritratto; e non ho mancato di vantare il merito vostro e i vantaggi che derivano dall'avere un marito come voi.

ARPAGONE Hai fatto bene e te ne ringrazio.

FROSINA Vorrei pregarvi, Signore, di un piccolo favore. (*Arpagone assume un'aria severa*)[26] Ho un processo, e lo sto perdendo per mancanza di pochi soldi; voi potreste facilmente farmelo vincere, in questo processo, se poteste usarmi qualche cortesia. (*Arpagone riprende un'aria compiaciuta*) Non potete immaginare come sarà felice di vedervi. Ah! quanto le piacerete! e che mirabile effetto farà sul suo spirito il vostro abbigliamento all'antica. Ma soprattutto sarà conquistata dai vostri pantaloni, attaccati al giustacuore da semplici stringhe; questo la renderà pazza di voi; un marito così stringato sarà un giulebbe per lei.

ARPAGONE Certo, mi fai felice dicendomi queste cose.

FROSINA (*Arpagone assume di nuovo una faccia severa*) In verità, Signore, questo processo ha gravi conseguenze per me. Se lo perdo, sono rovinata; e qualche piccola generosità da parte vostra sistemerebbe i miei affari. (*Arpagone riprende un aspetto allegro*) Dovevate vederla com'era affascinata mentre le parlavo di voi. I suoi occhi irraggiavano felicità, nel sentire delle virtù vostre; e tanto ho fatto che ora si strugge per l'impazienza di vedere il matrimonio andare finalmente in porto.

HARPAGON Tu m'as fait grand plaisir, Frosine; et je t'en ai, je te l'avoue, toutes les obligations du monde.

FROSINE (*il reprend son air sérieux*) Je vous prie, Monsieur, de me donner le petit secours que je vous demande. Cela me remettra sur pied, et je vous en serai éternellement obligée.

HARPAGON Adieu. Je vais achever mes dépêches.

FROSINE Je vous assure, Monsieur, que vous ne sauriez jamais me soulager dans un plus grand besoin.

HARPAGON Je mettrai ordre que mon carrosse soit tout prêt pour vous mener à la foire.

FROSINE Je ne vous importunerais pas, si je ne m'y voyais forcée par la nécessité.

HARPAGON Et j'aurai soin qu'on soupe de bonne heure, pour ne vous point faire malades.

FROSINE Ne me refusez pas la grâce dont je vous sollicite. Vous ne sauriez croire, Monsieur, le plaisir que...

HARPAGON Je m'en vais. Voilà qu'on m'appelle. Jusqu'à tantôt.

FROSINE Que la fièvre te serre, chien de vilain à tous les diables! Le ladre a été ferme à toutes mes attaques; mais il ne me faut pas pourtant quitter la négociation; et j'ai l'autre côté, en tout cas, d'où je suis assurée de tirer bonne récompense.

ARPAGONE Mi hai fatto un grande favore, Frosina; e ti assicuro che ho per te tutta la riconoscenza del mondo.

FROSINA (*Arpagone riprende l'aspetto severo*) Vi prego, Signore, di concedermi il piccolo aiuto che vi ho chiesto. Mi rimetterà in sesto ed io vi sarò grata per l'eternità.

ARPAGONE Addio. Vado a terminare la corrispondenza.

FROSINA Signore, davvero non c'è necessità come questa in cui potreste essermi più utile.

ARPAGONE Darò l'ordine di preparare la carrozza per condurvi alla fiera.

FROSINA Non vi importunerei, se non fossi obbligata dalle ristrettezze.

ARPAGONE E procurerò che si ceni di buon'ora, affinché non vi prenda il languore.

FROSINA Non rifiutatemi la grazia che vi chiedo. Voi non sapete, Signore, il favore che...

ARPAGONE Devo andare. Sentite? mi chiamano. A presto.

FROSINA Ti venga la terzana,[27] brutto taccagno del diavolo! Il miserabile non ha ceduto ai miei attacchi; e tuttavia non mi conviene lasciar perdere il negozio. In ogni caso c'è l'altra parte; di lì, garantito, posso tirar fuori una buona ricompensa.

Scène I

Harpagon, Cléante, Élise, Valère, Dame Claude, Maître Jacques, Brindavoine, La Merluche

HARPAGON Allons, venez çà tous, que je vous distribue mes ordres pour tantôt et règle à chacun son emploi. Approchez, dame Claude. Commençons par vous. (*Elle tient un balai*) Bon, vous voilà les armes à la main. Je vous commets au soin de nettoyer partout; et surtout prenez garde de ne point frotter les meubles trop fort, de peur de les user. Outre cela, je vous constitue, pendant le souper, au gouvernement des bouteilles; et s'il s'en écarte quelqu'une et qu'il se casse quelque chose, je m'en prendrai à vous, et le rabattrai sur vos gages.

MAÎTRE JACQUES Châtiment politique.

HARPAGON Allez. Vous, Brindavoine, et vous, La Merluche, je vous établis dans la charge de rincer les verres, et de donner à boire, mais seulement lorsque l'on aura soif, et non pas selon la coutume de certains impertinents de laquais, qui viennent provoquer les gens, et les faire aviser de boire lorsqu'on n'y songe pas. Attendez qu'on vous en demande plus d'une fois, et vous ressouvenez de porter toujours beaucoup d'eau.

MAÎTRE JACQUES Oui, le vin pur monte à la tête.

LA MERLUCHE Quitterons-nous nos siquenilles, Monsieur?

Scena I

Arpagone, Cleante, Elisa, Valerio, la signora Claudia, Mastro Giacomo, Gran d'Avena, Stoccafisso

ARPAGONE Animo, venite qui tutti, ch'io possa dare gli ordini per questa sera, e affidare un compito ad ognuno. Venite avanti, signora Claudia, cominciamo da voi. (*Claudia ha una scopa in mano*) Bene, avete già l'arma in pugno. Vi affido l'incombenza di pulire dappertutto; ma sovra ogni cosa, state bene attenta a non strofinare i mobili con troppa energia, per non deteriorarli. Oltre a questo, vi eleggo durante la cena al governo delle bottiglie; e se qualcuna viene messa da parte o qualcosa si rompe, vi riterrò responsabile dell'accaduto e mi rifarò sulla vostra paga.

MASTRO GIACOMO Punizione interessata.[1]

ARPAGONE Andate.[2] Voi, Gran d'Avena, e voi, Stoccafisso, siete promossi all'incarico[3] di sciacquare i bicchieri e di versare da bere, ma esclusivamente quando vi viene chiesto e non secondo il costume di certi servitori impertinenti che provocano gli ospiti e rammentano loro che possono bere quando non ci pensano affatto. Aspettate che ve lo chiedano più di una volta e ricordatevi di portare sempre in tavola molta acqua.

MASTRO GIACOMO Sì, il vino puro dà alla testa.

STOCCAFISSO Ci dobbiamo togliere i grembiuli, Signore?

HARPAGON Oui, quand vous verrez venir les personnes; et gardez bien de gâter vos habits.

BRINDAVOINE Vous savez bien, Monsieur, qu'un des devants de mon pourpoint est couvert d'une grande tache de l'huile de la lampe.

LA MERLUCHE Et moi, Monsieur, que j'ai mon haut-de-chausses tout troué par-derrière, et qu'on me voit, révérence parler...

HARPAGON Paix. Rangez cela adroitement du côté de la muraille, et présentez toujours le devant au monde. (*Harpagon met son chapeau au-devant de son pourpoint, pour montrer à Brindavoine comment il doit faire pour cacher la tache d'huile*) Et vous, tenez toujours votre chapeau ainsi, lorsque vous servirez. Pour vous, ma fille, vous aurez l'oeil sur ce que l'on desservira, et prendrez garde qu'il ne s'en fasse aucun dégât. Cela sied bien aux filles. Mais cependant préparez-vous à bien recevoir ma maîtresse, qui vous doit venir visiter et vous mener avec elle à la foire. Entendez-vous ce que je vous dis?

ÉLISE Oui, mon père.

HARPAGON Et vous, mon fils le damoiseau, à qui j'ai la bonté de pardonner l'histoire de tantôt, ne vous allez pas aviser non plus de lui faire mauvais visage.

CLÉANTE Moi, mon père, mauvais visage? Et par quelle raison?

HARPAGON Mon Dieu! nous savons le train des enfants dont les pères se remarient, et de quel oeil ils ont coutume de regarder ce qu'on appelle belle-mère. Mais si vous souhaitez que je perde le souvenir de votre dernière fredaine, je vous recommande surtout de régaler d'un bon visage cette personne-là, et de lui faire enfin tout le meilleur accueil qu'il vous sera possible.

ARPAGONE Sì, quando vedrete arrivare la gente; e attenti a non sporcare i vostri abiti.

GRAN D'AVENA Sapete bene, Signore, che il mio giustacuore ha sul davanti, di lato, una grande macchia di olio da lampada.

STOCCAFISSO Ed io, Signore, ho i pantaloni con uno strappo dietro e mi si vede, con rispetto parlando...

ARPAGONE Calma. Siate accorto, tenete sempre il didietro rivolto verso la parete e presentatevi agli ospiti di fronte.[4] (*Arpagone mette il cappello davanti al giustacuore, per mostrare a Gran d'Avena come deve fare per nascondere la macchia d'olio*)[5] Voi, tenete sempre il cappello in questa maniera, quando servite. E voi, figliola, tenete d'occhio quel che viene portato via e badate che non vada sprecato. È un compito che si addice alle ragazze. Ma intanto, preparatevi a ricevere la mia fidanzata,[6] che deve venire a farvi visita e a condurvi alla fiera. Avete capito quel che ho detto?

ELISA Sì, padre mio.

ARPAGONE Quanto a voi, figliolo mio damerino, al quale ho la bontà di perdonare la storia di poc'anzi, che non vi venga in mente di farle il viso dell'armi.

CLEANTE Io, padre, il viso dell'armi? E per quale ragione?

ARPAGONE Dio mio! sappiamo come si comportano i figli quando i padri si risposano, con quale occhio guardano di solito colei che si suole chiamare matrigna. Ma se volete ch'io dimentichi davvero la vostra ultima bravata, mi raccomando, degnatevi di farle buon viso e di accoglierla nel migliore dei modi.

CLÉANTE À vous dire le vrai, mon père, je ne puis pas vous promettre d'être bien aise qu'elle devienne ma belle-mère; je mentirais, si je vous le disais; mais pour ce qui est de la bien recevoir, et de lui faire bon visage, je vous promets de vous obéir ponctuellement sur ce chapitre.

HARPAGON Prenez-y garde au moins.

CLÉANTE Vous verrez que vous n'aurez pas sujet de vous en plaindre.

HARPAGON Vous ferez sagement. Valère, aide-moi à ceci. Ho çà, maître Jacques, approchez-vous, je vous ai gardé pour le dernier.

MAÎTRE JACQUES Est-ce à votre cocher, Monsieur, ou bien à votre cuisinier, que vous voulez parler? car je suis l'un et l'autre.

HARPAGON C'est à tous les deux.

MAÎTRE JACQUES Mais à qui des deux le premier?

HARPAGON Au cuisinier.

MAÎTRE JACQUES Attendez donc, s'il vous plaît.

Il ôte sa casaque de cocher, et paraît vêtu en cuisinier.

HARPAGON Quelle diantre de cérémonie est-ce là?

MAÎTRE JACQUES Vous n'avez qu'à parler.

HARPAGON Je me suis engagé, maître Jacques, à donner ce soir à souper.

MAÎTRE JACQUES Grande merveille!

CLEANTE A dire il vero, padre mio, non posso promettervi che sarò felice di averla come matrigna; ma se si tratta di riceverla convenientemente e di farle buon viso, vi prometto di obbedirvi in tutto e per tutto.

ARPAGONE Fate il possibile, almeno.

CLEANTE Vedrete che non avrete motivo di lamentarvi.

ARPAGONE Farete bene. Valerio, ora mi devi aiutare. Oh, mastro Giacomo, voi! venite un po' qua, vi ho tenuto per ultimo.

MASTRO GIACOMO A chi intendete parlare, Signore? Al cocchiere o al cuoco? Perché io sono l'uno e l'altro.

ARPAGONE A tutti e due.

MASTRO GIACOMO Ma a chi dei due per primo?

ARPAGONE Al cuoco.

MASTRO GIACOMO Allora, aspettate, per favore.

Si toglie la giubba da cocchiere e appare vestito da cuoco.

ARPAGONE Che diavolo vuol dire questa cerimonia?

MASTRO GIACOMO Dite pure.

ARPAGONE Ho preso l'impegno, mastro Giacomo, di dare questa sera una cena.

MASTRO GIACOMO Oh! stupore![7]

HARPAGON Dis-moi un peu, nous feras-tu bonne chère?

MAÎTRE JACQUES Oui, si vous me donnez bien de l'argent.

HARPAGON Que diable, toujours de l'argent! Il semble qu'ils n'aient autre chose à dire: «De l'argent, de l'argent, de l'argent.» Ah! ils n'ont que ce mot à la bouche: «De l'argent.» Toujours parler d'argent. Voilà leur épée de chevet, de l'argent.

VALÈRE Je n'ai jamais vu de réponse plus impertinente que celle-là. Voilà une belle merveille que de faire bonne chère avec bien de l'argent: c'est une chose la plus aisée du monde, et il n'y a si pauvre esprit qui n'en fît bien autant; mais pour agir en habile homme, il faut parler de faire bonne chère avec peu d'argent.

MAÎTRE JACQUES Bonne chère avec peu d'argent!

VALÈRE Oui.

MAÎTRE JACQUES Par ma foi, Monsieur l'intendant, vous nous obligerez de nous faire voir ce secret, et de prendre mon office de cuisinier: aussi bien vous mêlez-vous céans d'être le factoton.

HARPAGON Taisez-vous. Qu'est-ce qu'il nous faudra?

MAÎTRE JACQUES Voilà Monsieur votre intendant, qui vous fera bonne chère pour peu d'argent.

HARPAGON Haye! je veux que tu me répondes.

MAÎTRE JACQUES Combien serez-vous de gens à table?

HARPAGON Nous serons huit ou dix; mais il ne faut prendre que huit; quand il y a à manger pour huit, il y en a bien pour dix.

ARPAGONE Dimmi un po': farai le cose per bene?

MASTRO GIACOMO Sicuramente, se mi date i soldi.

ARPAGONE Oh, diavolo, sempre soldi! Non sapete dire altro: «soldi, soldi, soldi». Ah! non hanno altra parola in bocca: «soldi». Sempre parlare di soldi. Sono il loro vizio,[8] i soldi.

VALERIO Non ho mai sentito risposta più sfacciata. Gran prodezza far bella figura con tanti soldi: è la cosa più facile del mondo, e non c'è povero di spirito che non ci riesca; ma l'uomo veramente capace è quello che sa fare bella figura con pochi soldi.

MASTRO GIACOMO Bella figura con pochi soldi!

VALERIO Sì.

MASTRO GIACOMO Sono certo, signor intendente, che ci farete la finezza di mostrarci qual è il segreto, e di fare il cuoco al posto mio: tanto, qui dentro, voi siete il factotum.

ARPAGONE Smettetela. Di che cosa avete bisogno?

MASTRO GIACOMO C'è il signor intendente, che vi farà fare bella figura con pochi soldi.

ARPAGONE Basta! rispondimi.

MASTRO GIACOMO Quante persone vi saranno a tavola?

ARPAGONE Saremo in otto o dieci; ma fate conto che si sia in otto; quando c'è da mangiare per otto, ce n'è per dieci.

VALÈRE Cela s'entend.

MAÎTRE JACQUES Hé bien! il faudra quatre grands potages, et cinq assiettes. Potages... Entrées...

HARPAGON Que diable! voilà pour traiter toute une ville entière.

MAÎTRE JACQUES Rôt...

HARPAGON (*en lui mettant la main sur la bouche*) Ah! traître, tu manges tout mon bien.

MAÎTRE JACQUES Entremets...

HARPAGON Encore?

VALÈRE Est-ce que vous avez envie de faire crever tout le monde? et Monsieur a-t-il invité des gens pour les assassiner à force de mangeaille? Allez-vous-en lire un peu les préceptes de la santé, et demander aux médecins s'il y a rien de plus préjudiciable à l'homme que de manger avec excès.

HARPAGON Il a raison.

VALÈRE Apprenez, maître Jacques, vous et vos pareils, que c'est un coupe-gorge qu'une table remplie de trop de viandes; que pour se bien montrer ami de ceux que l'on invite, il faut que la frugalité règne dans les repas qu'on donne; et que, suivant le dire d'un ancien, *il faut manger pour vivre, et non pas vivre pour manger*.

HARPAGON Ah! que cela est bien dit! Approche, que je t'embrasse pour ce mot. Voilà la plus belle sentence que j'ai entendue de ma vie. *Il faut vivre pour manger, et non pas manger pour vi...* Non, ce n'est pas cela. Comment est-ce que tu dis?

VALERIO È chiaro.

MASTRO GIACOMO Insomma, ci vorranno quattro belle minestre e cinque prime portate. Minestre... Prime portate...[9]

ARPAGONE Diavolo! Ce n'è per un'intera città.

MASTRO GIACOMO Arrosti...[10]

ARPAGONE (*mettendogli una mano sulla bocca*) Ah, traditore! mi stai mangiando tutti gli averi.

MASTRO GIACOMO E come dolce...

ARPAGONE Ancora?

VALERIO Ma dico, avete l'intenzione di farli crepare tutti? Forse che il Signore invita delle persone perché vuole assassinarle costringendole a mangiare a quattro ganasce? Andate un po' a leggervi i precetti della buona salute e chiedete ai medici se non c'è niente di più pregiudizievole per l'uomo che il mangiare troppo.

ARPAGONE Ha ragione.

VALERIO E mettetevi bene in mente, caro mastro Giacomo, voi e i vostri simili, che una tavola con troppa carne è un vero e proprio attentato; e che se vogliamo davvero bene agli invitati, bisogna che il pasto sia frugale; e che secondo una massima antica *bisogna mangiare per vivere e non vivere per mangiare*.

ARPAGONE Ben detto veramente! Vieni, voglio abbracciarti per queste parole. È la miglior sentenza che abbia udito in vita mia. *Bisogna vivere per mangiare e non mangiare per vi...* No, non è così. Come hai detto?

VALÈRE *Qu'il faut manger pour vivre, et non pas vivre pour manger.*

HARPAGON Oui. Entends-tu? Qui est le grand homme qui a dit cela?

VALÈRE Je ne me souviens pas maintenant de son nom.

HARPAGON Souviens-toi de m'écrire ces mots: je les veux faire graver en lettres d'or sur la cheminée de ma salle.

VALÈRE Je n'y manquerai pas. Et pour votre souper, vous n'avez qu'à me laisser faire: je réglerai tout cela comme il faut.

HARPAGON Fais donc.

MAÎTRE JACQUES Tant mieux: j'en aurai moins de peine.

HARPAGON Il faudra de ces choses dont on ne mange guère, et qui rassasient d'abord: quelque bon haricot bien gras, avec quelque pâté en pot bien garni de marrons.

VALÈRE Reposez-vous sur moi.

HARPAGON Maintenant, maître Jacques, il faut nettoyer mon carrosse.

MAÎTRE JACQUES Attendez. Ceci s'adresse au cocher. (*Il remet sa casaque*) Vous dites...

HARPAGON Qu'il faut nettoyer mon carrosse, et tenir mes chevaux tous prêts pour conduire à la foire...

MAÎTRE JACQUES Vos chevaux, Monsieur? Ma foi, ils ne sont point du tout en état de marcher. Je ne vous dirai point qu'ils sont sur la litière, les pauvres bêtes n'en ont point, et ce serait fort mal parler; mais vous leur faites observer des

VALERIO Che *bisogna mangiare per vivere e non vivere per mangiare.*

ARPAGONE Sì. Hai capito?[11] Chi è il grand'uomo che lo ha detto?

VALERIO In questo momento non ricordo il nome.

ARPAGONE Questa massima me la devi scrivere, non dimenticarlo. Voglio farla incidere a caratteri d'oro sul camino della sala da pranzo.

VALERIO Non mancherò. E per la vostra cena, lasciate fare a me: sistemerò tutto come si deve.

ARPAGONE Fai tu.

MASTRO GIACOMO Tanto meglio: avrò meno fastidi.

ARPAGONE Ci vogliono cose che si mangiano spiluzzicando e che saziano subito: un polpettone molto grasso, con un paté di carne guarnito di castagne.

VALERIO Contate su di me.

ARPAGONE E ora, mastro Giacomo, dovete pulire la carrozza.

MASTRO GIACOMO Aspettate. Questo riguarda il cocchiere. (*Si mette di nuovo la giubba*) Stavate dicendo...

ARPAGONE Che dovete pulire la carrozza e preparare i cavalli per condurre alla fiera...

MASTRO GIACOMO I vostri cavalli, Signore? Credetemi, non sono in grado di muoversi. Non vi dirò che giacciono sulla paglia: quelle povere bestie non la conoscono, e sarebbe un discorso fuori luogo; ma voi li costringete a digiuni tanto

jeûnes si austères, que ce ne sont plus rien que des idées ou des fantômes, des façons de chevaux.

HARPAGON Les voilà bien malades: ils ne font rien.

MAÎTRE JACQUES Et pour ne faire rien, Monsieur, est-ce qu'il ne faut rien manger? Il leur vaudrait bien mieux, les pauvres animaux, de travailler beaucoup, de manger de même. Cela me fend le coeur, de les voir ainsi exténués; car enfin j'ai une tendresse pour mes chevaux, qu'il me semble que c'est moi-même quand je les vois pâtir; je m'ôte tous les jours pour eux les choses de la bouche; et c'est être, Monsieur, d'un naturel trop dur, que de n'avoir nulle pitié de son prochain.

HARPAGON Le travail ne sera pas grand, d'aller jusqu'à la foire.

MAÎTRE JACQUES Non, Monsieur, je n'ai pas le courage de les mener, et je ferais conscience de leur donner des coups de fouet, en l'état où ils sont. Comment voudriez-vous qu'ils traînassent un carrosse, qu'ils ne peuvent pas se traîner eux-mêmes?

VALÈRE Monsieur, j'obligerai le voisin le Picard à se charger de les conduire; aussi bien nous fera-t-il ici besoin pour apprêter le souper.

MAÎTRE JACQUES Soit, j'aime mieux encore qu'ils meurent sous la main d'un autre que sous la mienne.

VALÈRE Maître Jacques fait bien le raisonnable.

MAÎTRE JACQUES Monsieur l'intendant fait bien le nécessaire.

HARPAGON Paix!

MAÎTRE JACQUES Monsieur, je ne saurais souffrir les flatteurs;

austeri che ora sono soltanto idee o fantasmi, apparenze di cavalli.

ARPAGONE Devono essere malati; non fanno niente.

MASTRO GIACOMO E poiché non fanno niente, Signore, non devono mangiare? Per loro, povere bestie, sarebbe meglio lavorare molto e mangiare di conseguenza. Mi si spezza il cuore vederli così allo stremo; poiché in definitiva voglio bene ai miei cavalli e quando li vedo soffrire, ho l'impressione di soffrire io stesso; mi tolgo ogni giorno il pane di bocca, per loro; Signore, bisognerebbe esser duri di cuore, per non avere alcuna pietà del nostro prossimo.

ARPAGONE Andare fino alla fiera non è poi una gran fatica.

MASTRO GIACOMO No, Signore, non ho il coraggio di farli uscire e nello stato in cui si trovano mi farei scrupolo di usare la frusta. Come possono trascinare una carrozza se non riescono a trascinare se stessi?

VALERIO Signore, insisterò col vostro vicino, il Piccardo, perché provveda lui a condurli; così ci potrà essere utile anche per preparare la cena.

MASTRO GIACOMO Va bene, preferisco che muoiano per mano di un altro che per mano mia.

VALERIO Mastro Giacomo è davvero ragionevole.

MASTRO GIACOMO Il signor intendente è davvero indispensabile.

ARPAGONE Calma!

MASTRO GIACOMO Signore, io non posso sopportare gli adu-

et je vois que ce qu'il en fait, que ses contrôles perpétuels sur le pain et le vin, le bois, le sel, et la chandelle, ne sont rien que pour vous gratter et vous faire sa cour. J'enrage de cela, et je suis fâché tous les jours d'entendre ce qu'on dit de vous; car enfin je me sens pour vous de la tendresse, en dépit que j'en aie; et après mes chevaux, vous êtes la personne que j'aime le plus.

HARPAGON Pourrais-je savoir de vous, maître Jacques, ce que l'on dit de moi?

MAÎTRE JACQUES Oui, Monsieur, si j'étais assuré que cela ne vous fâchât point.

HARPAGON Non, en aucune façon.

MAÎTRE JACQUES Pardonnez-moi, je sais fort bien que je vous mettrais en colère.

HARPAGON Point du tout, au contraire, c'est me faire plaisir, et je suis bien aise d'apprendre comme on parle de moi.

MAÎTRE JACQUES Monsieur, puisque vous le voulez, je vous dirai franchement qu'on se moque partout de vous; qu'on nous jette de tous côtés cent brocards à votre sujet; et que l'on n'est point plus ravi que de vous tenir au cul et aux chausses, et de faire sans cesse des contes de votre lésine. L'un dit que vous faites imprimer des almanachs particuliers, où vous faites doubler les quatre-temps et les vigiles, afin de profiter des jeûnes où vous obligez votre monde. L'autre, que vous avez toujours une querelle toute prête à faire à vos valets dans le temps des étrennes, ou de leur sortie d'avec vous, pour vous trouver une raison de ne leur donner rien. Celui-là conte qu'une fois vous fîtes assigner le chat d'un de vos voisins, pour vous avoir mangé un reste d'un gigot de mouton. Celui-ci, que l'on vous surprit une nuit, en venant dérober vous-même l'avoine de vos chevaux; et que votre cocher, qui était celui d'avant moi, vous

latori e mi accorgo che il comportamento di costui, quel suo continuo controllare il pane e il vino, la legna, il sale, e le candele, non ha altro scopo che di vezzeggiarvi e di farvi la corte. Questo mi manda in collera; e mi dà fastidio sentire ogni giorno ciò che si dice di voi; poiché vi voglio bene, nonostante tutto; e dopo i miei cavalli, voi siete la persona che amo di più.

ARPAGONE Potrei sapere, mastro Giacomo, che cosa si dice di me?

MASTRO GIACOMO Sì, Signore, se fossi certo di non irritarvi.

ARPAGONE Non accadrà in nessun modo.

MASTRO GIACOMO Perdonatemi, ma so per certo che andrete su tutte le furie.

ARPAGONE Niente affatto, al contrario, mi farà piacere, sono ben contento di sapere che cosa si dice di me.

MASTRO GIACOMO Signore, visto che lo volete, vi dirò francamente che dovunque ci si prende gioco di voi; che da ogni parte piovono motteggi sul vostro conto e che niente diverte la gente come il prendervi per il fondo dei pantaloni e il raccontare storie sulla vostra tirchieria. C'è chi dice che fate stampare speciali calendari, in cui le quattro tempora e le vigilie figurano raddoppiate, per approfittare dei digiuni che in casa vostra tutti devono osservare. Altri dicono che tenete sempre pronta un'accusa da muovere alle persone di servizio, e che la tirate fuori quando vi lasciano, o nel periodo dei regali, per avere la scusa di non dare niente. Si racconta che una volta avete querelato il gatto del vicino, perché vi ha mangiato l'avanzo di un cosciotto di montone. E che vi hanno sorpreso, una notte, mentre rubavate voi stesso l'avena ai vostri cavalli, tanto che il vostro cocchiere, quello che c'era prima di me, vi diede al buio non so quante

donna dans l'obscurité je ne sais combien de coups de bâton, dont vous ne voulûtes rien dire. Enfin voulez-vous que je vous dise? On ne saurait aller nulle part où l'on ne vous entende accommoder de toutes pièces; vous êtes la fable et la risée de tout le monde; et jamais on ne parle de vous, que sous les noms d'avare, de ladre, de vilain et de fesse-mathieu.

HARPAGON (*en le battant*) Vous êtes un sot, un maraud, un coquin, et un impudent.

MAÎTRE JACQUES Hé bien! ne l'avais-je pas deviné? Vous ne m'avez pas voulu croire: je vous l'avais bien dit que je vous fâcherais de vous dire la vérité.

HARPAGON Apprenez à parler.

Scène II

Maître Jacques, Valère

VALÈRE À ce que je puis voir, maître Jacques, on paye mal votre franchise.

MAÎTRE JACQUES Morbleu! Monsieur le nouveau venu, qui faites l'homme d'importance, ce n'est pas votre affaire. Riez de vos coups de bâton quand on vous en donnera, et ne venez point rire des miens.

VALÈRE Ah! Monsieur maître Jacques, ne vous fâchez pas, je vous prie.

MAÎTRE JACQUES Il file doux. Je veux faire le brave et s'il est assez sot pour me craindre, le frotter quelque peu. Savez-vous bien, Monsieur le rieur, que je ne ris pas, moi? et que si vous m'échauffez la tête, je vous ferai rire d'une autre sorte?

bastonate, delle quali non avete parlato con nessuno. Insomma, volete che ve lo dica? Non si può andare da nessuna parte senza che vi taglino in tutti i modi i panni addosso; siete la favola e lo spasso di tutti; e non si parla mai di voi senza aggiungere che siete un avaro, un taccagno, un pitocco, una sanguisuga.[12]

ARPAGONE (*percuotendolo*) Siete un balordo, un ribaldo, un manigoldo, uno spudorato.

MASTRO GIACOMO Vedete? lo avevo previsto. Non mi avete voluto credere; ve l'avevo detto che sareste andato su tutte le furie, se vi avessi detto la verità.

ARPAGONE Imparate a parlare come si deve.

Scena II

Mastro Giacomo, Valerio

VALERIO A quanto pare, mastro Giacomo, la vostra franchezza viene mal ripagata.

MASTRO GIACOMO Per tutti i santi! Signor nuovo venuto, che vi date arie d'importanza, questo non è affar vostro. Ridete delle bastonate vostre, quando ve le daranno, e non venite a ridere delle mie.

VALERIO Ah! Signor mastro Giacomo, non andate in collera, vi prego.

MASTRO GIACOMO Viene a miti consigli. Voglio fare lo spocchioso e se è così stupido da avere paura di me, strigliarlo un pochino.[13] Lo sapete, caro signor ridarello, che non rido affatto, io? e che se mi fate inviperire, vi farò ridere in ben altro modo?

Maître Jacques pousse Valère jusques au bout du théâtre, en le menaçant.

VALÈRE Eh! doucement.

MAÎTRE JACQUES Comment, doucement? Il ne me plaît pas, moi.

VALÈRE De grâce.

MAÎTRE JACQUES Vous êtes un impertinent.

VALÈRE Monsieur maître Jacques...

MAÎTRE JACQUES Il n'y a point de Monsieur maître Jacques pour un double. Si je prends un bâton, je vous rosserai d'importance.

VALÈRE Comment, un bâton?

Valère le fait reculer autant qu'il l'a fait.

MAÎTRE JACQUES Eh! je ne parle pas de cela.

VALÈRE Savez-vous bien, Monsieur le fat, que je suis homme à vous rosser vous-même?

MAÎTRE JACQUES Je n'en doute pas.

VALÈRE Que vous n'êtes, pour tout potage, qu'un faquin de cuisinier?

MAÎTRE JACQUES Je le sais bien.

VALÈRE Et que vous ne me connaissez pas encore.

MAÎTRE JACQUES Pardonnez-moi.

Mastro Giacomo spinge Valerio in fondo alla scena, minacciandolo.

VALERIO Ehi! piano.

MASTRO GIACOMO Come, piano? Non sono affatto di questo parere.

VALERIO Di grazia.

MASTRO GIACOMO Siete un impertinente.

VALERIO Signor mastro Giacomo...

MASTRO GIACOMO Non c'è signor mastro Giacomo che tenga.[14] Ora prendo un bastone e ve le do di santa ragione.

VALERIO Come, un bastone?

Valerio lo fa indietreggiare allo stesso modo.

MASTRO GIACOMO Non dicevo sul serio.

VALERIO Sapete, Signor pretenzioso, che sono capace anch'io di darvele di santa ragione?

MASTRO GIACOMO Non ne dubito.

VALERIO Che voi siete, in tutto e per tutto,[15] un miserabile cuoco?

MASTRO GIACOMO Lo so.

VALERIO Voi ancora non mi conoscete.

MASTRO GIACOMO Perdonatemi.

VALÈRE Vous me rosserez, dites-vous?

MAÎTRE JACQUES Je le disais en raillant.

VALÈRE Et moi, je ne prends point de goût à votre raillerie. (*Il lui donne des coups de bâton*) Apprenez que vous êtes un mauvais railleur.

MAÎTRE JACQUES Peste soit la sincérité! c'est un mauvais métier. Désormais j'y renonce, et je ne veux plus dire vrai. Passe encore pour mon maître; il a quelque droit de me battre; mais pour ce Monsieur l'intendant, je m'en vengerai si je puis.

Scène III

Frosine, Mariane, Maître Jacques

FROSINE Savez-vous, maître Jacques, si votre maître est au logis?

MAÎTRE JACQUES Oui vraiment il y est, je ne le sais que trop.

FROSINE Dites-lui, je vous prie, que nous sommes ici.

Scène IV

Mariane, Frosine

MARIANE Ah! que je suis, Frosine, dans un étrange état! et s'il faut dire ce que je sens, que j'appréhende cette vue!

FROSINE Mais pourquoi, et quelle est votre inquiétude?

MARIANE Hélas! me le demandez-vous? et ne vous figurez-

VALERIO Me le darete, eh, avete detto?

MASTRO GIACOMO Dicevo per scherzare.

VALERIO E a me, i vostri scherzi non mi divertono affatto. (*Lo bastona*) Vi convincerò che voi non siete in grado di scherzare.

MASTRO GIACOMO Peste alla sincerità! che brutto mestiere. A questo punto ci rinuncio, e non dirò mai più la verità. Passi per il mio padrone: ha qualche diritto di suonarmele; ma di questo Signor intendente, se mi sarà possibile, mi vendicherò.

Scena III

Frosina, Mariana, Mastro Giacomo

FROSINA Sapete dirmi, mastro Giacomo, se il vostro padrone è in casa?

MASTRO GIACOMO È in casa, è in casa, lo so fin troppo bene.

FROSINA Per favore, ditegli che siamo qui.

Scena IV

Mariana, Frosina

MARIANA Ah! Frosina, in che orrendo[16] stato mi trovo! Se devo dire quel che penso, ho molta paura di questo incontro.

FROSINA Ma perché, che cosa vi inquieta?

MARIANA E me lo chiedete? Oh, poveretta me, non riuscite a

vous point les alarmes d'une personne toute prête à voir le supplice où l'on veut l'attacher?

FROSINE Je vois bien que, pour mourir agréablement, Harpagon n'est pas le supplice que vous voudriez embrasser; et je connais à votre mine que le jeune blondin dont vous m'avez parlé vous revient un peu dans l'esprit.

MARIANE Oui, c'est une chose, Frosine, dont je ne veux pas me défendre; et les visites respectueuses qu'il a rendues chez nous ont fait, je vous l'avoue, quelque effet dans mon âme.

FROSINE Mais avez-vous su quel il est?

MARIANE Non, je ne sais point quel il est; mais je sais qu'il est fait d'un air à se faire aimer; que si l'on pouvait mettre les choses à mon choix, je le prendrais plutôt qu'un autre; et qu'il ne contribue pas peu à me faire trouver un tourment effroyable dans l'époux qu'on veut me donner.

FROSINE Mon Dieu! tous ces blondins sont agréables, et débitent fort bien leur fait; mais la plupart sont gueux comme des rats; et il vaut mieux pour vous de prendre un vieux mari qui vous donne beaucoup de bien. Je vous avoue que les sens ne trouvent pas si bien leur compte du côté que je dis, et qu'il y a quelques petits dégoûts à essuyer avec un tel époux; mais cela n'est pas pour durer, et sa mort, croyez-moi, vous mettra bientôt en état d'en prendre un plus aimable, qui réparera toutes choses.

MARIANE Mon Dieu! Frosine, c'est une étrange affaire, lorsque, pour être heureuse, il faut souhaiter ou attendre le trépas de quelqu'un, et la mort ne suit pas tous les projets que nous faisons.

FROSINE Vous moquez-vous? Vous ne l'épousez qu'aux conditions de vous laisser veuve bientôt; et ce doit être là un

immaginare in quale apprensione possa trovarsi una persona che sta per subire il supplizio a cui è stata condannata?

FROSINA Capisco benissimo che se volete morire di una dolce morte, Arpagone non sia propriamente il supplizio che scegliereste; ho l'impressione, guardandovi in faccia, che state pensando piuttosto al giovanottino[17] di cui mi avete parlato.

MARIANA Sì, Frosina, non lo voglio negare; e il rispetto che dimostra quando viene a trovarci, lo confesso, ha lasciato una traccia sull'anima mia.

FROSINA Ma avete saputo chi è?

MARIANA Chi è non lo so; ma so che, così come è fatto, sa farsi amare; che se le cose potessero andare come dico io, prenderei lui invece di un altro; e che contribuisce non poco a farmi sentire come un tormento spaventoso lo sposare l'uomo che mi si vuole dare.

FROSINA Dio mio! non c'è giovanottino che non sia piacevole e che non venda bene la propria merce; ma i più sono spelacchiati come gatti randagi; e sarebbe meglio per voi prendere un marito vecchio ma che vi dia molta roba. Ammetto che i sensi non trovino il fatto loro, sul versante che dico io, e che bisogna, con uno sposo del genere, mandar giù qualche particolare disgustoso; ma non si tratta di cosa duratura e la sua morte, credetemi, vi metterà presto nella condizione di prenderne uno più desiderabile,[18] che vi compenserà di tutto.

MARIANA Mio Dio! Frosina, è un brutto[19] affare quando, per essere felici, bisogna augurarsi o attendere la scomparsa di qualcuno; non sempre la morte corona le nostre aspettative.

FROSINA Volete scherzare? Voi lo sposerete soltanto a condizione che vi renda vedova presto; questa deve essere una

des articles du contrat. Il serait bien impertinent de ne pas mourir dans trois mois. Le voici en propre personne.

MARIANE Ah! Frosine, quelle figure!

Scène V

Harpagon, Frosine, Mariane

HARPAGON Ne vous offensez pas, ma belle, si je viens à vous avec des lunettes. Je sais que vos appas frappent assez les yeux, sont assez visibles d'eux-mêmes, et qu'il n'est pas besoin de lunettes pour les apercevoir; mais enfin c'est avec des lunettes qu'on observe les astres; et je maintiens et garantis que vous êtes un astre, mais un astre le plus bel astre qui soit dans le pays des astres. Frosine, elle ne répond mot, et ne témoigne, ce me semble, aucune joie de me voir.

FROSINE C'est qu'elle est encore toute surprise; et puis les filles ont toujours honte à témoigner d'abord ce qu'elles ont dans l'âme.

HARPAGON Tu as raison. Voilà, belle mignonne, ma fille qui vient vous saluer.

Scène VI

Élise, Harpagon, Mariane, Frosine

MARIANE Je m'acquitte bien tard, Madame, d'une telle visite.

ÉLISE Vous avez fait, Madame, ce que je devais faire, et c'était à moi de vous prévenir.

HARPAGON Vous voyez qu'elle est grande; mais mauvaise herbe croît toujours.

clausola del contratto. Sarebbe davvero screanzato se non morisse entro tre mesi.[20] Eccolo in persona.

MARIANA Oh, Frosina, che brutta faccia!

Scena V

Arpagone, Frosina, Mariana

ARPAGONE Non offendetevi, mia bella, se mi presento con gli occhiali. So che le vostre bellezze colpiscono gli occhi, sono abbastanza visibili per se stesse, e che non c'è bisogno di occhiali per notarle; ma dopo tutto con l'occhiale si osservano gli astri; ed io attesto e garantisco che voi siete un astro, ma un astro il più bell'astro che vi sia nel paese degli astri. Frosina, costei non spiccica parola, e non mi pare che sia tanto contenta di vedermi.

FROSINA Gli è che è ancora tutta sossopra per la sorpresa; e poi le fanciulle si vergognano di mostrare subito ciò che hanno in cuore.

ARPAGONE Hai ragione. Ecco, tesorino, c'è mia figlia che viene a salutarvi.

Scena VI

Elisa, Arpagone, Mariana, Frosina

MARIANA Con molto ritardo, Signora, vi rendo la visita che vi dovevo.

ELISA Avete fatto, Signora, quel che avrei dovuto fare io; toccava a me di precedervi.

ARPAGONE Come vedete, è già grandicella; ma l'erba cattiva cresce in fretta.[21]

MARIANE (*bas à Frosine*) Oh! l'homme déplaisant!

HARPAGON Que dit la belle?

FROSINE Qu'elle vous trouve admirable.

HARPAGON C'est trop d'honneur que vous me faites, adorable mignonne.

MARIANE (*à part*) Quel animal!

HARPAGON Je vous suis trop obligé de ces sentiments.

MARIANE (*à part*) Je n'y puis plus tenir.

HARPAGON Voici mon fils aussi qui vous vient faire la révérence.

MARIANE (*à part, à Frosine*) Ah! Frosine, quelle rencontre! C'est justement celui dont je t'ai parlé.

FROSINE (*à Mariane*) L'aventure est merveilleuse.

HARPAGON Je vois que vous vous étonnez de me voir de si grands enfants, mais je serai bientôt défait et de l'un et de l'autre.

Scène VII

Cléante, Harpagon, Élise, Mariane, Frosine

CLÉANTE Madame, à vous dire le vrai, c'est ici une aventure où sans doute je ne m'attendais pas; et mon père ne m'a pas peu surpris lorsqu'il m'a dit tantôt le dessein qu'il avait formé.

MARIANE Je puis dire la même chose. C'est une rencontre

MARIANA (*sottovoce a Frosina*) Oh! che persona sgradevole!

ARPAGONE Che cosa dice la bella?

FROSINA Dice che vi ammira molto.

ARPAGONE Mi fate troppo onore, adorabile tesoruccio.

MARIANA (*a parte*) Quanto è becero!

ARPAGONE Vi sono obbligato di tanta benevolenza.

MARIANA (*a parte*) Non resisto più.

ARPAGONE Ecco mio figlio che viene a riverirvi.

MARIANA (*a parte, a Frosina*) Ah! Frosina, che combinazione.[22] È proprio lui, il giovane di cui ti ho parlato.

FROSINA (*a Mariana*) L'avventura è meravigliosa.

ARPAGONE Vi stupirete che io abbia dei figli già grandi, ma ben presto sarò liberato di tutti e due.

Scena VII

Cleante, Arpagone, Elisa, Mariana, Frosina

CLEANTE A dire il vero, Signora, non mi sarei mai aspettato di trovarmi in una situazione come questa; e mi sono molto stupito, poco fa, quando mio padre mi ha rivelato le sue intenzioni.

MARIANA Posso dire la stessa cosa anch'io. Questa circostan-

imprévue qui m'a surprise autant que vous; et je n'étais point préparée à une pareille aventure.

CLÉANTE Il est vrai que mon père, Madame, ne peut pas faire un plus beau choix, et que ce m'est une sensible joie que l'honneur de vous voir; mais avec tout cela, je ne vous assurerai point que je me réjouis du dessein où vous pourriez être de devenir ma belle-mère. Le compliment, je vous l'avoue, est trop difficile pour moi; et c'est un titre, s'il vous plaît, que je ne vous souhaite point. Ce discours paraîtra brutal aux yeux de quelques-uns; mais je suis assuré que vous serez personne à le prendre comme il faudra; que c'est un mariage, Madame, où vous vous imaginez bien que je dois avoir de la répugnance; que vous n'ignorez pas sachant ce que je suis, comme il choque mes intérêts; et que vous voulez bien enfin que je vous dise, avec la permission de mon père, que si les choses dépendaient de moi, cet hymen ne se ferait point.

HARPAGON Voilà un compliment bien impertinent: quelle belle confession à lui faire!

MARIANE Et moi, pour vous répondre, j'ai à vous dire que les choses sont fort égales; et que si vous auriez de la répugnance à me voir votre belle-mère, je n'en aurais pas moins sans doute à vous voir mon beau-fils. Ne croyez pas, je vous prie, que ce soit moi qui cherche à vous donner cette inquiétude. Je serai fort fâchée de vous causer du déplaisir; et si je ne m'y vois forcée par une puissance absolue, je vous donne ma parole que je ne consentirai point au mariage qui vous chagrine.

HARPAGON Elle a raison; à sot compliment il faut une réponse de même. Je vous demande pardon, ma belle, de l'impertinence de mon fils. C'est un jeune sot, qui ne sait pas encore la conséquence des paroles qu'il dit.

MARIANE Je vous promets que ce qu'il m'a dit ne m'a point

za[23] imprevista mi ha meravigliata quanto voi; non ero certo preparata a una simile vicenda.

CLEANTE È vero che mio padre, Signora, non potrebbe fare scelta migliore e che l'onore che ho di vedervi mi dà una grande gioia; e tuttavia non posso dire che mi rallegri molto l'eventualità che voi diventiate la mia matrigna. Felicitarmi con voi, lo confesso, mi riesce troppo difficile; ed è un nome, quello di matrigna, che io non vi auguro, abbiate pazienza. Le mie parole sembreranno brutali a qualcuno; ma voi siete persona, ne sono sicuro, da intenderle come si deve; potete bene immaginare, Signora, quanto mi riesca ripugnante questo matrimonio; e sapendo in che stato mi trovo, non potete ignorare fino a che punto esso si opponga ai miei interessi; mi permetterete infine che vi dica, col permesso di mio padre, che se dipendesse da me queste nozze non si farebbero.

ARPAGONE Per essere felicitazioni, sono piuttosto insolenti: ma sono confessioni da fare, queste?

MARIANA Io devo dirvi, in risposta, che per me è la stessa cosa; e che se ripugna a voi che io diventi la vostra matrigna, non diverso effetto fa su di me l'idea che voi diventiate mio figliastro. E credetemi, vi prego, non sono io che voglio darvi una tale afflizione. Sarei molto addolorata di dovervi causare un dispiacere, e vi do la mia parola che non acconsentirò mai, se non vi sarò costretta da una forza troppo grande, al matrimonio che vi inquieta.

ARPAGONE Ha ragione; a congratulazioni tanto sciocche si risponde allo stesso modo. Vi chiedo scusa, mia cara, dell'insolenza di mio figlio. È un giovane scioccherello, che non conosce ancora le conseguenze di quel che dice.

MARIANA Vi assicuro[24] che le sue parole non mi hanno offeso

du tout offensée; au contraire, il m'a fait plaisir de m'expliquer ainsi ses véritables sentiments. J'aime de lui un aveu de la sorte; et, s'il avait parlé d'autre façon, je l'en estimerais bien moins.

HARPAGON C'est beaucoup de bonté à vous de vouloir ainsi excuser ses fautes. Le temps le rendra plus sage, et vous verrez qu'il changera de sentiments.

CLÉANTE Non, mon père, je ne suis point capable d'en changer, et je prie instamment Madame de le croire.

HARPAGON Mais voyez quelle extravagance! il continue encore plus fort.

CLÉANTE Voulez-vous que je trahisse mon coeur?

HARPAGON Encore? Avez-vous envie de changer de discours?

CLÉANTE Hé bien! puisque vous voulez que je parle d'autre façon, souffrez, Madame, que je me mette ici à la place de mon père, et que je vous avoue que je n'ai rien vu dans le monde de si charmant que vous; que je ne conçois rien d'égal au bonheur de vous plaire, et que le titre de votre époux est une gloire, une félicité que je préférerais aux destinées des plus grands princes de la terre. Oui, Madame, le bonheur de vous posséder est à mes regards la plus belle de toutes les fortunes; c'est où j'attache toute mon ambition; il n'y a rien que je ne sois capable de faire pour une conquête si précieuse, et les obstacles les plus puissants...

HARPAGON Doucement, mon fils, s'il vous plaît.

CLÉANTE C'est un compliment que je fais pour vous à Madame.

HARPAGON Mon Dieu! j'ai une langue pour m'expliquer

affatto; al contrario, mi ha fatto piacere che egli abbia dichiarato i suoi veri sentimenti. Mi è piaciuta la sua confessione; e se avesse parlato in altro modo, lo stimerei molto meno.

ARPAGONE Voi volete scusare ad ogni costo i suoi errori, siete troppo buona. Il tempo lo renderà più giudizioso; e vedrete che cambierà idea.

CLEANTE No, padre mio, non la cambierò, ne sono incapace e insisto perché la Signora mi creda.

ARPAGONE Guardate un po' che stravaganza! continua più caparbio di prima.

CLEANTE Volete che tradisca il mio cuore?

ARPAGONE Ancora? Non volete cambiare discorso?

CLEANTE Va bene, se si vuole ch'io parli in altro modo, permettete, Signora, che mi metta al posto di mio padre e vi confessi che non ho mai visto al mondo nulla che fosse più incantevole di voi; che non esiste cosa paragonabile al contento di piacervi, e che l'essere vostro sposo è una gloria, una felicità che io antepongo alla sorte dei più grandi principi della terra. Sì, Signora, la felicità di possedervi vale ai miei occhi tutte le fortune; non ho altra ambizione e non c'è niente che io non sia capace di fare per una conquista tanto preziosa, e i più potenti ostacoli...

ARPAGONE Adagio, figliolo, per favore.

CLEANTE È una dichiarazione che io faccio alla Signora per conto vostro.

ARPAGONE Mio Dio! ho una lingua anch'io per parlare e non

moi-même, et je n'ai pas besoin d'un procureur comme vous. Allons, donnez des sièges.

FROSINE Non; il vaut mieux que de ce pas nous allions à la foire, afin d'en revenir plus tôt, et d'avoir tout le temps ensuite de vous entretenir.

HARPAGON Qu'on mette donc les chevaux au carrosse. Je vous prie de m'excuser, ma belle, si je n'ai pas songé à vous donner un peu de collation avant que de partir.

CLÉANTE J'y ai pourvu, mon père, et j'ai fait apporter ici quelques bassins d'oranges de la Chine, de citrons doux et de confitures, que j'ai envoyé querir de votre part.

HARPAGON (*bas à Valère*) Valère!

VALÈRE (*à Harpagon*) Il a perdu le sens.

CLÉANTE Est-ce que vous trouvez, mon père, que ce ne soit pas assez? Madame aura la bonté d'excuser cela, s'il lui plaît.

MARIANE C'est une chose qui n'était pas nécessaire.

CLÉANTE Avez-vous jamais vu, Madame, un diamant plus vif que celui que vous voyez que mon père a au doigt?

MARIANE Il est vrai qu'il brille beaucoup.

CLÉANTE (*il l'ôte du doigt de son père et le donne à Mariane*) Il faut que vous le voyiez de près.

MARIANE Il est fort beau sans doute, et jette quantité de feux.

CLÉANTE (*il se met au-devant de Mariane, qui le veut rendre*) Nenni, Madame: il est en de trop belles mains. C'est un présent que mon père vous a fait.

ho bisogno di un rappresentante come voi. Su, portate delle sedie.

FROSINA No; è meglio andare subito alla fiera, così torniamo prima e abbiamo tutto il tempo per continuare a discorrere.

ARPAGONE Si attacchino dunque i cavalli alla carrozza. Vi prego di scusarmi, mia bella, se non ho pensato di offrirvi una merendina prima di partire.

CLEANTE Ho provveduto io, padre, e ho fatto portare alcuni vassoi con arance della Cina, limoni dolci e confetture; li ho mandati a prendere a nome vostro.

ARPAGONE (*sottovoce a Valerio*) Valerio!

VALERIO (*ad Arpagone*) Ha perduto il senno.

CLEANTE O pensate, padre mio, che non basti? La Signora avrà gentilmente la bontà di scusarci.

MARIANA Non era davvero necessario.

CLEANTE Avete mai visto, Signora, un diamante più splendido di quello che vedete al dito di mio padre?

MARIANA È vero, come scintilla!

CLEANTE (*toglie il diamante dal dito di suo padre e lo offre a Mariana*) Dovete guardarlo da vicino.

MARIANA È davvero magnifico, e manda mille bagliori.

CLEANTE (*si mette di fronte a Mariana, che vorrebbe restituire l'anello*) Oh, no, Signora: si trova in mani troppo belle. Mio padre ve ne fa dono.

HARPAGON Moi?

CLÉANTE N'est-il pas vrai, mon père, que vous voulez que Madame le garde pour l'amour de vous?

HARPAGON (*à part, à son fils*) Comment?

CLÉANTE Belle demande! Il me fait signe de vous le faire accepter.

MARIANE Je ne veux point...

CLÉANTE Vous moquez-vous? Il n'a garde de le reprendre.

HARPAGON (*à part*) J'enrage!

MARIANE Ce serait...

CLÉANTE (*en empêchant toujours Mariane de rendre la bague*) Non, vous dis-je, c'est l'offenser.

MARIANE De grâce...

CLÉANTE Point du tout.

HARPAGON (*à part*) Peste soit...

CLÉANTE Le voilà qui se scandalise de votre refus.

HARPAGON (*bas, à son fils*) Ah! traître!

CLÉANTE Vous voyez qu'il se désespère.

HARPAGON (*bas, à son fils, en le menaçant*) Bourreau que tu es!

CLÉANTE Mon père, ce n'est pas ma faute. Je fais ce que je puis pour l'obliger à la garder; mais elle est obstinée.

ARPAGONE Io?

CLEANTE Non è vero, padre, che voi desiderate che la Signora lo tenga per amor vostro?

ARPAGONE (*al figlio, a parte*) Come, come?

CLEANTE Domanda[25] inutile! mi fa segno che io insista perché lo accettiate.

MARIANA Non posso permettere.

CLEANTE Volete scherzare? Non ha alcuna intenzione di riprenderlo.

ARPAGONE (*a parte*) Mi fa una rabbia!

MARIANA Sarebbe...

CLEANTE (*che continua a impedire a Mariana di restituire l'anello*) No, vi dico, si offenderebbe.

MARIANA Di grazia!

CLEANTE Niente affatto.

ARPAGONE (*a parte*) Maledizione...

CLEANTE Vedete? il vostro rifiuto lo scandalizza.

ARPAGONE (*sottovoce al figlio*) Traditore!

CLEANTE Guardatelo, si dispera.

ARPAGONE (*sottovoce al figlio, minacciandolo*) Assassino!

CLEANTE Padre, non è colpa mia. Io faccio il possibile per costringerla a tenerlo; ma lei si ostina.

HARPAGON (*bas, à son fils, avec emportement*) Pendard!

CLÉANTE Vous êtes cause, Madame, que mon père me querelle.

HARPAGON (*bas, à son fils, avec les mêmes grimaces*) Le coquin!

CLÉANTE Vous le ferez tomber malade. De grâce, Madame, ne résistez point davantage!

FROSINE Mon Dieu! que de façons! Gardez la bague, puisque Monsieur le veut.

MARIANE Pour ne vous point mettre en colère, je la garde maintenant; et je prendrai un autre temps pour vous la rendre.

Scène VIII

Harpagon, Mariane, Frosine, Cléante, Brindavoine, Élise

BRINDAVOINE Monsieur, il y a là un homme qui veut vous parler.

HARPAGON Dis-lui que je suis empêché, et qu'il revienne une autre fois.

BRINDAVOINE Il dit qu'il vous apporte de l'argent.

HARPAGON Je vous demande pardon. Je reviens tout à l'heure.

ARPAGONE (*sottovoce al figlio, rabbiosamente*) Delinquente!

CLEANTE Per causa vostra, Signora, mio padre mi rimprovera.

ARPAGONE (*sottovoce al figlio, con la stessa mutria*) Manigoldo!

CLEANTE Gli verrà un malore. Di grazia, Signora, non insistete più.

FROSINA Dio mio! quante cerimonie! Tenetevi dunque l'anello, visto che il Signore lo vuole.

MARIANA Per adesso lo tengo, non voglio che andiate in collera; quando sarà il momento, ve lo restituirò.

Scena VIII

Arpagone, Mariana, Frosina, Cleante,
Gran d'Avena, Elisa

GRAN D'AVENA Signore, un uomo desidera parlarvi.

ARPAGONE Rispondi che sono occupato e che ripassi un'altra volta.

GRAN D'AVENA Dice che vi deve consegnare del denaro.

ARPAGONE Chiedo scusa. Torno subito.

Scène IX

Harpagon, Mariane, Cléante, Élise,
Frosine, La Merluche

LA MERLUCHE (*il vient en courant, et fait tomber Harpagon*) Monsieur...

HARPAGON Ah! je suis mort.

CLÉANTE Qu'est-ce, mon père? vous êtes-vous fait mal?

HARPAGON Le traître assurément a reçu de l'argent de mes débiteurs, pour me faire rompre le cou.

VALÈRE Cela ne sera rien.

LA MERLUCHE Monsieur, je vous demande pardon, je croyais bien faire d'accourir vite.

HARPAGON Que viens-tu faire ici, bourreau?

LA MERLUCHE Vous dire que vos deux chevaux sont déferrés.

HARPAGON Qu'on les mène promptement chez le maréchal.

CLÉANTE En attendant qu'ils soient ferrés, je vais faire pour vous, mon père, les honneurs de votre logis, et conduire Madame dans le jardin, où je ferai porter la collation.

HARPAGON Valère, aie un peu l'oeil à tout cela; et prends soin, je te prie, de m'en sauver le plus que tu pourras, pour le renvoyer au marchand.

VALÈRE C'est assez.

HARPAGON Ô fils impertinent, as-tu envie de me ruiner?

Scena IX

Arpagone, Mariana, Cleante, Elisa, Frosina, Stoccafisso

STOCCAFISSO (*entra di corsa e fa cadere Arpagone*) Signore!...

ARPAGONE Ah! son morto.

CLEANTE Che succede, padre? Vi siete fatto male?

ARPAGONE Il traditore ha certamente ricevuto dei soldi dai miei creditori, che vogliono la mia morte.

VALERIO Non è niente.

STOCCAFISSO Vi chiedo scusa, Signore. Sono venuto di corsa, perché credevo di far bene.

ARPAGONE Che cosa sei venuto a fare, assassino?

STOCCAFISSO Sono venuto a dirvi che i cavalli non hanno i ferri.

ARPAGONE Portateli subito dal maniscalco.

CLEANTE In attesa che vengano ferrati, padre, farò io gli onori di casa; condurrò la Signora in giardino e farò portare la merendina.

ARPAGONE Valerio, sorveglia tutto quanto; e abbi cura, ti prego, di recuperare tutto il possibile, per rimandarlo al negoziante.

VALERIO Non occorre altro.

ARPAGONE O figlio insolente, mi vuoi rovinare?

Scène I

Cléante, Mariane, Élise, Frosine

CLÉANTE Rentrons ici, nous serons beaucoup mieux. Il n'y a plus autour de nous personne de suspect, et nous pouvons parler librement.

ÉLISE Oui, Madame, mon frère m'a fait confidence de la passion qu'il a pour vous. Je sais les chagrins et les déplaisirs que sont capables de causer de pareilles traverses; et c'est, je vous assure, avec une tendresse extrême que je m'intéresse à votre aventure.

MARIANE C'est une douce consolation que de voir dans ses intérêts une personne comme vous; et je vous conjure, Madame, de me garder toujours cette généreuse amitié, si capable de m'adoucir les cruautés de la fortune.

FROSINE Vous êtes, par ma foi, de malheureuses gens l'un et l'autre, de ne m'avoir point, avant tout ceci, avertie de votre affaire. Je vous aurais sans doute détourné cette inquiétude, et n'aurais point amené les choses où l'on voit qu'elles sont.

CLÉANTE Que veux-tu? C'est ma mauvaise destinée qui l'a voulu ainsi. Mais, belle Mariane, quelles résolutions sont les vôtres?

MARIANE Hélas! suis-je en pouvoir de faire des résolutions?

Scena I

Cleante, Mariana, Elisa, Frosina

CLEANTE Continuiamo qui, è molto meglio. Non ci sono più persone sospette attorno a noi e possiamo parlare liberamente.

ELISA Sì, Signora, mio fratello mi ha confidato la passione che ha per voi. Conosco gli affanni e i dispiaceri che simili traversie possono causare; e vi assicuro che prendo parte con tutto cuore alla vostra vicenda.

MARIANA È una dolce consolazione sapere che una persona come voi ci è tanto vicina; e vi supplico, Signora, di conservarmi sempre la vostra generosa amicizia, che tanto può addolcire il mio crudele destino.

FROSINA Siete davvero dei poveri meschinelli, voi due; se me l'aveste detto prima, vi avrei senz'altro risparmiato questi guai, e non avrei condotto la faccenda fino al punto in cui si trova.

CLEANTE Che dire? È la mia cattiva sorte che lo ha voluto. Ma voi, bella Mariana, che decisioni avete preso?

MARIANA Oh, povera me! sono forse in grado di prendere

Et dans la dépendance où je me vois, puis-je former que des souhaits?

CLÉANTE Point d'autre appui pour moi dans votre coeur que de simples souhaits? point de pitié officieuse? point de secourable bonté? point d'affection agissante?

MARIANE Que saurais-je vous dire? Mettez-vous en ma place, et voyez ce que je puis faire. Avisez, ordonnez vous-même: je m'en remets à vous, et je vous crois trop raisonnable pour vouloir exiger de moi que ce qui peut m'être permis par l'honneur et la bienséance.

CLÉANTE Hélas! où me réduisez-vous, que de me renvoyer à ce que voudront me permettre les fâcheux sentiments d'un rigoureux honneur et d'une scrupuleuse bienséance.

MARIANE Mais que voulez-vous que je fasse? Quand je pourrais passer sur quantité d'égards où notre sexe est obligé, j'ai de la considération pour ma mère. Elle m'a toujours élevée avec une tendresse extrême, et je ne saurais me résoudre à lui donner du déplaisir. Faites, agissez auprès d'elle, employez tous vos soins à gagner son esprit: vous pouvez faire et dire tout ce que vous voudrez, je vous en donne la licence, et s'il ne tient qu'à me déclarer en votre faveur, je veux bien consentir à lui faire un aveu moi-même de tout ce que je sens pour vous.

CLÉANTE Frosine, ma pauvre Frosine, voudrais-tu nous servir?

FROSINE Par ma foi! faut-il demander? je le voudrais de tout mon coeur. Vous savez que de mon naturel je suis assez humaine; le Ciel ne m'a point fait l'âme de bronze, et je n'ai que trop de tendresse à rendre de petits services, quand je vois des gens qui s'entr'aiment en tout bien et en tout honneur. Que pourrions-nous faire à ceci?

decisioni? E nello stato di soggezione in cui mi trovo, che cosa mi è consentito se non di sperare?

CLEANTE E nel vostro cuore non c'è altro su cui io possa contare, oltre alla semplice speranza? nessuna pietà sollecita? nessuna bontà soccorrevole? nessun affetto operante?

MARIANA Che cosa vi posso rispondere? Mettetevi nei miei panni e vedete che cosa posso fare. Riflettete, ordinate voi stesso: io mi rimetto a voi, e vi giudico abbastanza ragionevole perché vogliate pretendere da me solo quel che mi è consentito dall'onore e dal decoro.

CLEANTE Ahimè! mi rimane ben poco, se devo attenermi a ciò che può consentire l'austero[1] sentimento di un onore inflessibile e di un decoro pieno di scrupoli.

MARIANA Che cosa volete che faccia? Quand'anche potessi sorvolare sulla quantità di umani riguardi a cui il nostro sesso è costretto, devo rispetto a mia madre. Mi ha cresciuta con tanto amore e non potrei risolvermi a darle un dispiacere. Fate, intervenite presso di lei, usate ogni sollecitudine per guadagnarne il favore: potete dire e fare tutto ciò che volete, ve ne do licenza, e se si tratta solo di dichiarare che sto dalla parte vostra, non ho alcuna difficoltà a confidarle io stessa ciò che sento per voi.

CLEANTE Frosina, mia povera Frosina, ci vuoi venire in aiuto?

FROSINA Ma certo, c'è bisogno di chiederlo? ma di tutto cuore! Voi sapete che io sono d'animo buono; il Cielo non mi ha fatta di pietra, e quando posso rendere qualche piccolo servizio, a gente che si vuol bene in tutta onestà, lo faccio volentieri. Che cosa posso fare per voi?

CLÉANTE Songe un peu, je te prie.

MARIANE Ouvre-nous des lumières.

ÉLISE Trouve quelque invention pour rompre ce que tu as fait.

FROSINE Ceci est assez difficile. Pour votre mère, elle n'est pas tout à fait déraisonnable, et peut-être pourrait-on la gagner, et la résoudre à transporter au fils le don qu'elle veut faire au père. Mais le mal que j'y trouve, c'est que votre père est votre père.

CLÉANTE Cela s'entend.

FROSINE Je veux dire qu'il conservera du dépit, si l'on montre qu'on le refuse; et qu'il ne sera point d'humeur ensuite à donner son consentement à votre mariage. Il faudrait, pour bien faire, que le refus vînt de lui-même, et tâcher par quelque moyen de le dégoûter de votre personne.

CLÉANTE Tu as raison.

FROSINE Oui, j'ai raison, je le sais bien. C'est là ce qu'il faudrait; mais le diantre est d'en pouvoir trouver les moyens. Attendez: si nous avions quelque femme un peu sur l'âge, qui fût de mon talent, et jouât assez bien pour contrefaire une dame de qualité, par le moyen d'un train fait à la hâte, et d'un bizarre nom de marquise, ou de vicomtesse, que nous supposerions de la basse Bretagne, j'aurais assez d'adresse pour faire accroire à votre père que ce serait une personne riche, outre ses maisons, de cent mille écus en argent comptant; qu'elle serait éperdument amoureuse de lui, et souhaiterait de se voir sa femme, jusqu'à lui donner tout son bien par contrat de mariage; et je ne doute point qu'il ne prêtât l'oreille à la proposition; car enfin il vous aime fort, je le sais; mais il aime un peu plus

CLEANTE Pensaci un po' tu, ti prego.

MARIANA Vedi di illuminarci.

ELISA Inventa qualcosa, per rimediare a quel che hai combinato.

FROSINA È piuttosto difficile. Vostra madre non è del tutto irragionevole, e forse potremmo conquistarne l'animo e convincerla a trasferire al figlio il dono che vorrebbe fare al padre. Ma il guaio, in tutto questo, è che vostro padre è vostro padre.

CLEANTE È chiaro.

FROSINA Voglio dire che se si avvede che lo rifiutiamo, avrà per noi del risentimento; e non sarà quindi nella disposizione di dare il suo consenso al vostro matrimonio. Bisognerebbe, per fare una cosa ben fatta, che il rifiuto venisse da lui; dovremmo fare in modo che si disgustasse di voi.

CLEANTE Hai ragione.

FROSINA Certo che ho ragione, lo so benissimo. Quel che dovremmo fare è questo; ma il guaio è che dobbiamo trovare il modo. Aspettate: se avessimo sottomano una donna un po' attempata, che avesse le mie qualità, e fosse così brava a recitare da far la parte di una dama aristocratica, con l'aiuto di un seguito messo insieme in quattro e quattr'otto e di un nome un po' strano di marchesa o di viscontessa, che noi potremmo supporre della bassa Bretagna, sarei capace di far credere a vostro padre che si tratta di una donna ricca, proprietaria non solo di case ma di centomila scudi in contanti, che essendosi perdutamente innamorata di lui sarebbe disposta, per diventare sua moglie, a cedergli ogni sua sostanza nel contratto di matrimonio; io non ho dubbi che egli presterebbe orecchio a una proposta del genere; poiché insomma lo so che vi ama, ma ama un tantino di più il

l'argent; et quand, ébloui de ce leurre, il aurait une fois consenti à ce qui vous touche, il importerait peu ensuite qu'il se désabusât, en venant à vouloir voir clair aux effets de notre marquise.

CLÉANTE Tout cela est fort bien pensé.

FROSINE Laissez-moi faire. Je viens de me ressouvenir d'une de mes amies, qui sera notre fait.

CLÉANTE Sois assurée, Frosine, de ma reconnaissance, si tu viens à bout de la chose. Mais, charmante Mariane, commençons, je vous prie, par gagner votre mère; c'est toujours beaucoup faire que de rompre ce mariage. Faites-y de votre part, je vous en conjure, tous les efforts qu'il vous sera possible; servez-vous de tout le pouvoir que vous donne sur elle cette amitié qu'elle a pour vous; déployez sans réserve les grâces éloquentes, les charmes tout-puissants que le Ciel a placés dans vos yeux et dans votre bouche; et n'oubliez rien, s'il vous plaît, de ces tendres paroles, de ces douces prières, et de ces caresses touchantes à qui je suis persuadé qu'on ne saurait rien refuser.

MARIANE J'y ferai tout ce que je puis, et n'oublierai aucune chose.

Scène II

Harpagon, Cléante, Mariane,
Élise, Frosine

HARPAGON Ouais! mon fils baise la main de sa prétendue belle-mère, et sa prétendue belle-mère ne s'en défend pas fort. Y aurait-il quelque mystère là-dessous?

ÉLISE Voilà mon père.

denaro; e una volta che, abbagliato dal miraggio, avrà dato il consenso a quel che vi preme, importerebbe assai poco in seguito se volesse veder chiaro nel patrimonio della nostra marchesa e rimanesse disingannato.

CLEANTE È una bella pensata.

FROSINA Lasciate fare a me. Mi sovviene di una mia amica, che sembra fatta apposta per noi.

CLEANTE Non dubitare, Frosina, ti sarò molto grato, se condurrai in porto la faccenda. Ma, bellissima Mariana, cominciamo, vi prego, col convincere vostra madre; rompere il matrimonio, è già fare molto. Voi dal canto vostro, ve ne scongiuro, fate ogni sforzo possibile; usate tutto il potere che vi dà sopra di lei la benevolenza che essa vi dimostra; dispensate senza risparmio la grazia eloquente, il fascino irresistibile che il Cielo ha collocato nei vostri occhi e nella vostra bocca; e non dimenticate, vi prego, nessuna di quelle parole affettuose, di quelle dolci preghiere, e di quelle toccanti carezze alle quali, sono sicuro, non si può rifiutare nulla.

MARIANA Farò tutto quello che posso; e non dimenticherò le vostre raccomandazioni.

Scena II

Arpagone, Cleante, Mariana, Elisa, Frosina

ARPAGONE Cospetto! mio figlio bacia la mano alla futura matrigna, e la futura matrigna non fa tanto la ritrosa. Che ci sia un mistero sotto?

ELISA Ecco mio padre.

HARPAGON Le carrosse est tout prêt. Vous pouvez partir quand il vous plaira.

CLÉANTE Puisque vous n'y allez pas, mon père, je m'en vais les conduire.

HARPAGON Non, demeurez. Elles iront bien toutes seules; et j'ai besoin de vous.

Scène III

Harpagon, Cléante

HARPAGON Ô çà, intérêt de belle-mère à part, que te semble à toi de cette personne?

CLÉANTE Ce qui m'en semble?

HARPAGON Oui, de son air, de sa taille, de sa beauté, de son esprit?

CLÉANTE La, la.

HARPAGON Mais encore?

CLÉANTE À vous en parler franchement, je ne l'ai pas trouvée ici ce que je l'avais crue. Son air est de franche coquette; sa taille est assez gauche, sa beauté très médiocre, et son esprit des plus communs. Ne croyez pas que ce soit, mon père, pour vous en dégoûter; car belle-mère pour belle-mère, j'aime autant celle-là qu'une autre.

HARPAGON Tu lui disais tantôt pourtant...

CLÉANTE Je lui ai dit quelques douceurs en votre nom, mais c'était pour vous plaire.

ARPAGONE La carrozza è pronta. Potete partire quando volete.

CLEANTE Poiché voi non ci andate, le accompagnerò io.

ARPAGONE No, rimanete. Possono benissimo andarci da sole; ho bisogno di voi.

Scena III

Arpagone, Cleante

ARPAGONE E allora, lasciando da parte la matrigna, che ne pensi di lei?

CLEANTE Che ne penso?

ARPAGONE Sì, del suo aspetto, delle sue maniere, della sua bellezza, della sua intelligenza.

CLEANTE Nient'altro?

ARPAGONE No, dimmi.

CLEANTE Se devo essere sincero, mi è sembrata diversa da come l'avevo immaginata. Ha un aspetto decisamente frivolo; maniere piuttosto goffe, una bellezza molto banale e un'intelligenza delle più comuni. Non pensate, padre mio, che lo dica per rendervela odiosa; poiché matrigna per matrigna, tanto mi piace lei quanto un'altra.

ARPAGONE Poco fa tuttavia le dicevi...

CLEANTE Le ho fatto qualche complimento a nome vostro, ma unicamente per farvi piacere.

HARPAGON Si bien donc que tu n'aurais pas d'inclination pour elle?

CLÉANTE Moi? point du tout.

HARPAGON J'en suis fâché; car cela rompt une pensée qui m'était venue dans l'esprit. J'ai fait, en la voyant ici, réflexion sur mon âge; et j'ai songé qu'on pourra trouver à redire de me voir marier à une si jeune personne. Cette considération m'en faisait quitter le dessein; et comme je l'ai fait demander, et que je suis pour elle engagé de parole, je te l'aurais donnée, sans l'aversion que tu témoignes.

CLÉANTE À moi?

HARPAGON À toi.

CLÉANTE En mariage?

HARPAGON En mariage.

CLÉANTE Écoutez: il est vrai qu'elle n'est pas fort à mon goût; mais pour vous faire plaisir, mon père, je me résoudrai à l'épouser, si vous voulez.

HARPAGON Moi? Je suis plus raisonnable que tu ne penses: je ne veux point forcer ton inclination.

CLÉANTE Pardonnez-moi, je me ferai cet effort pour l'amour de vous.

HARPAGON Non, non; un mariage ne saurait être heureux où l'inclination n'est pas.

CLÉANTE C'est une chose, mon père, qui peut-être viendra ensuite; et l'on dit que l'amour est souvent un fruit du mariage.

ARPAGONE Cosicché quella donna non ti dice nulla?

CLEANTE A me? niente di niente.

ARPAGONE Mi dispiace, perché questo vanifica un'idea che mi era venuta in mente. Vedendola qui, ho riflettuto sulla mia età; e ho pensato che si troverà da dire sul mio conto, quando mi si vedrà sposato a una donna tanto giovane. Questa considerazione mi ha convinto a rinunciare al proposito; ma avendola fatta chiedere, ed essendomi impegnato sulla parola, l'avrei lasciata a te, se tu non avessi per lei quell'avversione che hai detto.

CLEANTE A me?

ARPAGONE A te.

CLEANTE In moglie?

ARPAGONE In moglie.

CLEANTE Ascoltate; è vero che non è propriamente di mio gusto; ma per farvi piacere, padre mio, mi deciderei a sposarla, se lo desiderate.

ARPAGONE Io? Io sono più ragionevole di quel che pensi: non voglio assolutamente forzare la tua inclinazione.

CLEANTE Perdonatemi, ma posso fare questo sforzo per amor vostro.

ARPAGONE No, no; un matrimonio non può essere felice, se manca l'inclinazione.

CLEANTE Questa può venire in seguito, padre mio; si dice che l'amore è sovente frutto del matrimonio.

HARPAGON Non: du côté de l'homme, on ne doit point risquer l'affaire, et ce sont des suites fâcheuses, où je n'ai garde de me commettre. Si tu avais senti quelque inclination pour elle, à la bonne heure: je te l'aurais fait épouser, au lieu de moi; mais cela n'étant pas, je suivrai mon premier dessein, et je l'épouserai moi-même.

CLÉANTE Hé bien! mon père, puisque les choses sont ainsi, il faut vous découvrir mon coeur, il faut vous révéler notre secret. La vérité est que je l'aime, depuis un jour que je la vis dans une promenade; que mon dessein était tantôt de vous la demander pour femme; et que rien ne m'a retenu que la déclaration de vos sentiments, et la crainte de vous déplaire.

HARPAGON Lui avez-vous rendu visite?

CLÉANTE Oui, mon père.

HARPAGON Beaucoup de fois?

CLÉANTE Assez, pour le temps qu'il y a.

HARPAGON Vous a-t-on bien reçu?

CLÉANTE Fort bien, mais sans savoir qui j'étais; et c'est ce qui a fait tantôt la surprise de Mariane.

HARPAGON Lui avez-vous déclaré votre passion, et le dessein où vous étiez de l'épouser?

CLÉANTE Sans doute; et même j'en avais fait à sa mère quelque peu d'ouverture.

HARPAGON A-t-elle écouté, pour sa fille, votre proposition?

CLÉANTE Oui, fort civilement.

ARPAGONE No; è un rischio che non si deve correre, specie da parte dell'uomo; ne derivano conseguenze ingrate, in cui non ho nessuna voglia di essere coinvolto. Se tu avessi avuto una certa inclinazione per lei, alla buon'ora: te l'avrei fatta sposare al posto mio; ma poiché non è così, seguirò il mio primo intendimento, e la sposerò io.

CLEANTE Ebbene! padre mio, poiché le cose stanno così, bisogna che vi scopra il mio cuore, bisogna che vi riveli il nostro segreto. La verità è che io l'amo, da quando la vidi un giorno a passeggio; era mia intenzione chiedervela in moglie, e sono stato trattenuto soltanto dal fatto che vi siete dichiarato voi e dal timore di dispiacervi.

ARPAGONE Siete già andato in casa sua?

CLEANTE Sì, padre mio.

ARPAGONE Molte volte?

CLEANTE Abbastanza, considerato il tempo.

ARPAGONE Vi hanno ricevuto bene?

CLEANTE Benissimo, ma senza sapere chi sono; ed è per questo che Mariana si è tanto stupita poco fa.

ARPAGONE Le avete dichiarato il vostro amore, e l'intenzione che avete di sposarla?

CLEANTE Certamente; avevo persino lasciato intendere qualcosa alla madre.

ARPAGONE E lei ha accettato la proposta per sua figlia?

CLEANTE Sì, con molta civiltà.

HARPAGON Et la fille correspond-elle fort à votre amour?

CLÉANTE Si j'en dois croire les apparences, je me persuade, mon père, qu'elle a quelque bonté pour moi.

HARPAGON Je suis bien aise d'avoir apris un tel secret; et voilà justement ce que je demandais. Oh sus! mon fils, savez-vous ce qu'il y a? c'est qu'il faut songer, s'il vous plaît, à vous défaire de votre amour; à cesser toutes vos poursuites auprès d'une personne que je prétends pour moi; et à vous marier dans peu avec celle qu'on vous destine.

CLÉANTE Oui, mon père, c'est ainsi que vous me jouez! Hé bien! puisque les choses en sont venues là, je vous déclare, moi, que je ne quitterai point la passion que j'ai pour Mariane, qu'il n'y a point d'extrémité où je ne m'abandonne pour vous disputer sa conquête, et que si vous avez pour vous le consentement d'une mère, j'aurai d'autres secours peut-être qui combattront pour moi.

HARPAGON Comment, pendard? tu as l'audace d'aller sur mes brisées?

CLÉANTE C'est vous qui allez sur les miennes; et je suis le premier en date.

HARPAGON Ne suis-je pas ton père? et ne me dois-tu pas respect!

CLÉANTE Ce ne sont point ici des choses où les enfants soient obligé de déférer aux pères; et l'amour ne connaît personne.

HARPAGON Je te ferai bien me connaître, avec de bons coups de bâton.

CLÉANTE Toutes vos menaces ne feront rien.

ARPAGONE E la figlia corrisponde all'amor vostro?

CLEANTE Se devo credere alle apparenze, sono persuaso, padre mio, che abbia qualche simpatia per me.

ARPAGONE Mi fa molto piacere di avere appreso un tal segreto; era proprio quello che volevo sapere. Orsù! ora, figlio mio, sapete che succede? succede che dovete pensare, per piacere, a sbarazzarvi del vostro amore, a metter da parte ogni assiduità nei confronti di una persona che io voglio per me; e a prendere subito in moglie colei che vi è stata destinata.

CLEANTE E così, padre mio, mi avete giocato un tiro! Bene, poiché le cose stanno a questo punto, io vi dichiaro, signor padre, che continuerò ad amare Mariana, che userò qualsiasi mezzo, anche il più estremo, per contendervi la sua conquista, e che se voi avete dalla parte vostra il consenso della madre, altri verranno in mio aiuto, forse, e si batteranno per me.

ARPAGONE Come, delinquente? tu osi opporti a un mio diritto?[2]

CLEANTE Siete voi che vi opponete al mio; io sono arrivato prima.

ARPAGONE Ma io sono tuo padre! e tu mi devi rispetto!

CLEANTE Non è in queste cose che i figli devono deferenza ai padri; l'amore non conosce parenti.

ARPAGONE E invece mi conoscerai, e a suon di bastonate.

CLEANTE Le vostre minacce non mi scalfiscono.

HARPAGON Tu renonceras à Mariane.

CLÉANTE Point du tout.

HARPAGON Donnez-moi un bâton tout à l'heure.

Scène IV

Maître Jacques, Harpagon, Cléante

MAÎTRE JACQUES Eh, eh, eh, Messieurs, qu'est-ce ci? à quoi songez-vous?

CLÉANTE Je me moque de cela.

MAÎTRE JACQUES Ah! Monsieur, doucement.

HARPAGON Me parler avec cette impudence!

MAÎTRE JACQUES Ah! Monsieur, de grâce.

HARPAGON Je n'en démordrai point.

MAÎTRE JACQUES Hé quoi? à votre père?

HARPAGON Laisse-moi faire.

MAÎTRE JACQUES Hé quoi? à votre fils? Encore passe pour moi.

HARPAGON Je te veux faire toi-même, maître Jacques, juge de cette affaire, pour montrer comme j'ai raison.

MAÎTRE JACQUES J'y consens. Éloignez-vous un peu.

HARPAGON J'aime une fille, que je veux épouser; et le

ARPAGONE Rinuncerai a Mariana.

CLEANTE Per niente affatto.

ARPAGONE Un bastone, datemi un bastone.

Scena IV

Mastro Giacomo, Arpagone, Cleante

MASTRO GIACOMO Eh, eh, eh, Signori, ma che succede? che fantasie son queste?

CLEANTE Io me la rido.

MASTRO GIACOMO Ah! Signore, calmatevi.

ARPAGONE Parlarmi con tanta impudenza!

MASTRO GIACOMO Ah! Signore, di grazia.

CLEANTE Io non demordo.

MASTRO GIACOMO Come, come? A vostro padre?

ARPAGONE Lasciatemi fare.

MASTRO GIACOMO Come, come? A vostro figlio? Pazienza con me.

ARPAGONE Mastro Giacomo, voglio che tu sia giudice in questa faccenda, per dimostrare che ho ragione io.

MASTRO GIACOMO Volentieri. Voi[3] tiratevi da parte.

ARPAGONE Amo una ragazza e la vorrei sposare; e quel delin-

pendard a l'insolence de l'aimer avec moi, et d'y prétendre malgré mes ordres.

MAÎTRE JACQUES Ah! il a tort.

HARPAGON N'est-ce pas une chose épouvantable, qu'un fils qui veut entrer en concurrence avec son père? et ne doit-il pas, par respect, s'abstenir de toucher à mes inclinations?

MAÎTRE JACQUES Vous avez raison. Laissez-moi lui parler, et demeurez là.

Il vient trouver Cléante à l'autre bout du théâtre.

CLÉANTE Hé bien! oui, puisqu'il veut te choisir pour juge, je n'y recule point; il ne m'importe qui ce soit; et je veux bien aussi me rapporter à toi, maître Jacques, de notre différend.

MAÎTRE JACQUES C'est beaucoup d'honneur que vous me faites.

CLÉANTE Je suis épris d'une jeune personne qui répond à mes voeux, et reçoit tendrement les offres de ma foi; et mon père s'avise de venir troubler notre amour par la demande qu'il en fait faire.

MAÎTRE JACQUES Il a tort assurément.

CLÉANTE N'a-t-il point de honte, à son âge, de songer à se marier? lui sied-il bien d'être encore amoureux? et ne devrait-il pas laisser cette occupation aux jeunes gens?

MAÎTRE JACQUES Vous avez raison, il se moque. Laissez-moi lui dire deux mots. (*Il revient à Harpagon*) Hé bien! votre fils n'est pas si étrange que vous le dites, et il se met à la raison. Il dit qu'il sait le respect qu'il vous doit, qu'il ne s'est emporté que dans la première chaleur, et qu'il ne fera point refus de se soumettre à ce qu'il vous plaira, pourvu que

quente ha la sfrontatezza di amarla assieme a me, e nonostante i miei ordini vuole la sua mano.

MASTRO GIACOMO Oh! ha torto.

ARPAGONE Non è spaventoso che un figlio voglia fare concorrenza al padre? e non deve per rispetto astenersi dal discutere le mie inclinazioni?

MASTRO GIACOMO Avete ragione. Lasciate che gli parli e mettetevi da parte.

Raggiunge Cleante all'estremità opposta della scena.

CLEANTE Ebbene! sì, dal momento che ti sceglie come giudice, io non mi tiro indietro; chi possa essere non m'importa; sono ben contento di affidare a te la controversia.

MASTRO GIACOMO Mi fate molto onore.

CLEANTE Sono innamorato di una giovane che risponde in tutto ai miei desideri e accetta teneramente le testimonianze della mia fedeltà; e mio padre si permette di turbare il nostro amore facendola chiedere in isposa per sé.

MASTRO GIACOMO Ha torto senz'altro.

CLEANTE Non ha vergogna, alla sua età, a pensare di risposarsi? non è indecente che si innamori ancora? non dovrebbe lasciare ai giovani questa incombenza?

MASTRO GIACOMO Avete ragione, non fa sul serio. Lasciate che gli dica due parole. (*Ritorna da Arpagone*) Ebbene! vostro figlio non è così balzano come dite voi, e intende ragione. Sa bene, dice, il rispetto che vi deve, si è lasciato vincere soltanto dal primo impeto, ed è disposto a sottomettersi

vous vouliez le traiter mieux que vous ne faites, et lui donner quelque personne en mariage dont il ait lieu d'être content.

HARPAGON Ah! dis-lui, maître Jacques, que moyennant cela, il pourra espérer toutes choses de moi; et que, hors Mariane, je lui laisse la liberté de choisir celle qu'il voudra.

MAÎTRE JACQUES (*il va au fils*) Laissez-moi faire. Hé bien! votre père n'est pas si déraisonnable que vous le faites; et il m'a témoigné que ce sont vos emportements qui l'ont mis en colère; qu'il n'en veut seulement qu'à votre manière d'agir, et qu'il sera fort disposé à vous accorder ce que vous souhaitez, pourvu que vous vouliez vous y prendre par la douceur, et lui rendre les déférences, les respects, et les soumissions qu'un fils doit à son père.

CLÉANTE Ah! maître Jacques, tu lui peux assurer que, s'il m'accorde Mariane, il me verra toujours le plus soumis de tous les hommes; et que jamais je ne ferai aucune chose que par ses volontés.

MAÎTRE JACQUES Cela est fait. Il consent à ce que vous dites.

HARPAGON Voilà qui va le mieux du monde.

MAÎTRE JACQUES Tout est conclu. Il est content de vos promesses.

CLÉANTE Le Ciel en soit loué!

MAÎTRE JACQUES Messieurs, vous n'avez qu'à parler ensemble: vous voilà d'accord maintenant; et vous alliez vous quereller, faute de vous entendre.

CLÉANTE Mon pauvre maître Jacques, je te serai obligé toute ma vie.

senza protestare a tutto quanto vi piacerà, purché lo trattiate meglio di come state facendo e lasciate che sposi una donna della quale sia contento.

ARPAGONE Ah! riferisci, mastro Giacomo, che a questa condizione può contare su di me per qualsiasi cosa; e che, tranne Mariana, gli lascio la libertà di scegliere la donna che vuole.

MASTRO GIACOMO (*va dal figlio*) Lasciate fare a me.[4] Ebbene! vostro padre non è così irragionevole come lo ritenete voi; mi ha assicurato che è andato in collera solo a causa dei vostri eccessi e che se la prende unicamente col vostro modo di agire, e che è disposto ad accordarvi quel che desiderate, purché vi comportiate con dolcezza e siate deferente, rispettoso e sottomesso come dev'essere un figlio col padre.

CLEANTE Ah! mastro Giacomo, gli puoi assicurare che se mi concede Mariana non vi sarà giovane più sottomesso di me, e che non farò mai nulla che lui non vorrà.

MASTRO GIACOMO È cosa fatta. Consente alle vostre richieste.[5]

ARPAGONE Tutto fila nel migliore dei modi.

MASTRO GIACOMO Tutto concluso. È contento delle vostre promesse.[6]

CLEANTE Il Cielo sia lodato.

MASTRO GIACOMO Ai Signori non resta che parlare fra di loro; ora sono d'accordo; e pensare che, non riuscendo a intendersi, stavate per attaccar briga!

CLEANTE Mio povero mastro Giacomo, ti sarò obbligato per tutta la vita.

MAÎTRE JACQUES Il n'y a pas de quoi, Monsieur.

HARPAGON Tu m'as fait plaisir, maître Jacques, et cela mérite une récompense. Va, je m'en souviendrai, je t'assure.

Il tire son mouchoir de sa poche, ce qui fait croire à Maître Jacques qu'il va lui donner quelque chose.

MAÎTRE JACQUES Je vous baise les mains.

Scène v

Cléante, Harpagon

CLÉANTE Je vous demande pardon, mon père, de l'emportement que j'ai fait paraître.

HARPAGON Cela n'est rien.

CLÉANTE Je vous assure que j'en ai tous les regrets du monde.

HARPAGON Et moi, j'ai toutes les joies du monde de te voir raisonnable.

CLÉANTE Quelle bonté à vous d'oublier si vite ma faute!

HARPAGON On oublie aisément les fautes des enfants, lorsqu'ils rentrent dans leur devoir.

CLÉANTE Quoi? ne garder aucun ressentiment de toutes mes extravagances?

HARPAGON C'est une chose où tu m'obliges par la soumission et le respect où tu te ranges.

MASTRO GIACOMO Non c'è di che, Signore.

ARPAGONE Mi hai fatto un favore, mastro Giacomo, e meriti una ricompensa. Me lo ricorderò, sta' sicuro.

Estrae il fazzoletto dalla tasca e Mastro Giacomo crede che stia per dargli qualcosa.

MASTRO GIACOMO Bacio le mani.

Scena v

Cleante, Arpagone

CLEANTE Vi chiedo scusa, padre mio, per le escandescenze di poc'anzi.

ARPAGONE Non importa.

CLEANTE Vi assicuro che me ne dispiace infinitamente.

ARPAGONE Ed io infinitamente mi rallegro di vederti ragionevole.

CLEANTE Siete molto buono, voi, che sapete dimenticare tanto in fretta i miei torti.

ARPAGONE Si dimenticano facilmente i torti dei figlioli, quando tornano a fare il loro dovere.

CLEANTE E tuttavia, non avere alcun risentimento per le mie follie!...

ARPAGONE A tanto mi obbligano la sottomissione e il rispetto che ora mi riconosci.

CLÉANTE Je vous promets, mon père, que, jusques au tombeau, je conserverai dans mon coeur le souvenir de vos bontés.

HARPAGON Et moi, je te promets qu'il n'y aura aucune chose que de moi tu n'obtiennes.

CLÉANTE Ah! mon père, je ne vous demande plus rien; et c'est m'avoir assez donné que de me donner Mariane.

HARPAGON Comment?

CLÉANTE Je dis, mon père, que je suis trop content de vous, et que je trouve toutes choses dans la bonté que vous avez de m'accorder Mariane.

HARPAGON Qui est-ce qui parle de t'accorder Mariane?

CLÉANTE Vous, mon père.

HARPAGON Moi!

CLÉANTE Sans doute.

HARPAGON Comment? C'est toi qui as promis d'y renoncer.

CLÉANTE Moi, y renoncer?

HARPAGON Oui.

CLÉANTE Point du tout.

HARPAGON Tu ne t'es pas départi d'y prétendre?

CLÉANTE Au contraire, j'y suis porté plus que jamais.

HARPAGON Quoi? pendard, derechef?

CLEANTE Vi prometto, padre mio, che finché avrò vita conserverò nel mio cuore il ricordo della vostra bontà.

ARPAGONE Ed io ti prometto che non vi sarà più cosa alcuna che da me tu non possa ottenere.

CLEANTE Ah! padre mio, non vi chiedo più nulla; concedendomi Mariana, mi avete già concesso tutto.

ARPAGONE Come?

CLEANTE Dico, padre mio, che sono già contento così, e che non chiedo altro, dopo che avete avuto la bontà di accordarmi Mariana.

ARPAGONE Chi ha detto che ti accordo Mariana?

CLEANTE Voi, padre mio.

ARPAGONE Io?

CLEANTE Senza alcun dubbio.

ARPAGONE Come? Sei tu che hai promesso di rinunciare a lei.

CLEANTE Io, rinunciare a lei?

ARPAGONE Sì.

CLEANTE Ma niente affatto.

ARPAGONE Non hai abbandonato ogni pretesa?

CLEANTE Al contrario. Vi sono propenso più che mai.

ARPAGONE Ma come? delinquente, un'altra volta?

CLÉANTE Rien ne me peut changer.

HARPAGON Laisse-moi faire, traître.

CLÉANTE Faites tout ce qu'il vous plaira.

HARPAGON Je te défends de me jamais voir.

CLÉANTE À la bonne heure.

HARPAGON Je t'abandonne.

CLÉANTE Abandonnez.

HARPAGON Je te renonce pour mon fils.

CLÉANTE Soit.

HARPAGON Je te déshérite.

CLÉANTE Tout ce que vous voudrez.

HARPAGON Et je te donne ma malédiction.

CLÉANTE Je n'ai que faire de vos dons.

Scène VI

La Flèche, Cléante

LA FLÈCHE (*sortant du jardin, avec une cassette*) Ah! Monsieur, que je vous trouve à propos! suivez-moi vite.

CLÉANTE Qu'y a-t-il?

LA FLÈCHE Suivez-moi, vous dis-je: nous sommes bien.

CLEANTE Niente può indurmi a cambiare.

ARPAGONE Lasciami fare, traditore, e vedrai.

CLEANTE Fate quel che volete.

ARPAGONE Non mi vedrai mai più.

CLEANTE Finalmente.

ARPAGONE Ti abbandono.

CLEANTE Abbandonatemi.

ARPAGONE Non ti riconosco più come figlio.

CLEANTE D'accordo.

ARPAGONE Ti diseredo.

CLEANTE Come vi piace.

ARPAGONE E ti maledico.

CLEANTE Non so che farmene delle vostre elargizioni.

Scena VI

Freccia, Cleante

FRECCIA (*uscendo dal giardino con uno scrigno*) Ah! Signore, vi trovo in buon punto! seguitemi, presto.

CLEANTE Che succede?

FRECCIA Seguitemi, vi dico: è fatta.

CLÉANTE Comment?

LA FLÈCHE Voici votre affaire.

CLÉANTE Quoi?

LA FLÈCHE J'ai guigné ceci tout le jour.

CLÉANTE Qu'est-ce que c'est?

LA FLÈCHE Le trésor de votre père, que j'ai attrapé.

CLÉANTE Comment as-tu fait?

LA FLÈCHE Vous saurez tout. Sauvons-nous, je l'entends crier.

Scène VII

Harpagon
Il crie au voleur dès le jardin, et vient sans chapeau.

HARPAGON Au voleur! au voleur! à l'assassin! au meurtrier! Justice, juste Ciel! je suis perdu, je suis assassiné, on m'a coupé la gorge, on m'a dérobé mon argent. Qui peut-ce être? Qu'est-il devenu? Où est-il? Où se cache-t-il? Que ferai-je pour le trouver? Où courir? Où ne pas courir? N'est-il point là? N'est-il point ici? Qui est-ce? Arrête. Rends-moi mon argent, coquin... (*Il se prend lui-même le bras*) Ah! c'est moi. Mon esprit est troublé, et j'ignore où je suis, qui je suis, et ce que je fais. Hélas! mon pauvre argent, mon pauvre argent, mon cher ami! on m'a privé de toi; et puisque tu m'es enlevé, j'ai perdu mon support, ma consolation, ma joie; tout est fini pour moi, et je n'ai plus que faire au monde: sans toi, il m'est impossible de vivre. C'en est fait, je n'en puis plus; je me meurs, je suis mort, je suis enterré. N'y a-t-il personne qui veuille me ressusciter, en

CLEANTE Come?

FRECCIA Ho quel che v'interessa.

CLEANTE Cosa?

FRECCIA Gli ho fatto la posta tutto il giorno.

CLEANTE Ma che cos'è?

FRECCIA Il tesoro di vostro padre, che ho sgraffignato.

CLEANTE Come hai fatto?

FRECCIA Ve lo dirò. Scappiamo, sento che sta gridando.

Scena VII

Arpagone
Grida al ladro fin dal giardino, ed entra senza cappello.

ARPAGONE Al ladro! al ladro! all'assassino! al brigante! Giustizia, giusto Cielo! sono perduto, assassinato, mi hanno tagliato la gola, mi hanno derubato di tutto il denaro. E chi può essere? Che fine ha fatto? Dov'è? Dove si nasconde? Che cosa posso fare per trovarlo? Dove correre? Dove non correre? Sarà di là? Sarà di qua? E tu chi sei? Fermati. Rendimi i soldi, manigoldo... (*Si afferra da sé il braccio*) Ah! sono io. Son tutto in confusione, non so più dove sono, chi sono e quel che faccio. Misero me! povero mio denaro, povero mio denaro, amico mio carissimo! mi hanno privato di te; ti hanno portato via, ho perduto il mio sostegno, la mia consolazione, la mia gioia; tutto è finito, non ho più niente da fare al mondo, non posso vivere senza di te. È la fine, più non resisto; son lì per morire, sono morto, son seppellito; c'è qualcuno che voglia resuscitarmi, che mi

me rendant mon cher argent, ou en m'apprenant qui l'a pris? Euh? que dites-vous? Ce n'est personne. Il faut, qui que ce soit qui ait fait le coup, qu'avec beaucoup de soin on ait épié l'heure; et l'on a choisi justement le temps que je parlais à mon traître de fils. Sortons. Je veux aller querir la justice, et faire donner la question à toute la maison: à servantes, à valets, à fils, à fille, et à moi aussi. Que de gens assemblés! Je ne jette mes regards sur personne qui ne me donne des soupçons, et tout me semble mon voleur. Eh! de quoi est-ce qu'on parle là? De celui qui m'a dérobé? Quel bruit fait-on là-haut? Est-ce mon voleur qui y est? De grâce, si l'on sait des nouvelles de mon voleur, je supplie que l'on m'en dise. N'est-il point caché là parmi vous? Ils me regardent tous, et se mettent à rire. Vous verrez qu'ils ont part sans doute au vol que l'on m'a fait. Allons vite, des commissaires, des archers, des prévôts, des juges, des gênes, des potences et des bourreaux. Je veux faire pendre tout le monde; et si je ne retrouve mon argent, je me pendrai moi-même après.

renda l'amato denaro o che mi indichi chi l'ha preso? Eh? che avete detto? No, non c'è nessuno qui attorno. Chiunque abbia fatto il colpo, dev'essere rimasto vigile a spiare il momento buono; e ha scelto giustamente di intervenire quando stavo parlando con quel traditore di mio figlio. Usciamo. Voglio ricorrere alla giustizia e coinvolgere tutta la casa: fantesche, servitori, figlio, figlia, e me compreso. Quanta gente vedo riunita! Chiunque mi cada sotto gli occhi, mi fa nascere il sospetto, vedo il mio ladro in ogni cosa. Eh! di che si parla laggiù? Di colui che mi ha derubato? Che chiasso si sta facendo là in alto? Che c'entri il mio ladro? Di grazia, se avete notizie del ladro, vi supplico, parlate. Non sarà nascosto in mezzo a voi? Tutti mi guardano e se la ridono; garantito, hanno a che fare col furto, non c'è dubbio. Su, presto, commissari, armigeri, bargelli, giudici, supplizi, patiboli e carnefici. Voglio fare impiccare tutti; e se non ritrovo il mio denaro, m'impiccherò io stesso.

ACTE V

Scène I

Harpagon, le Commissaire, son Clerc

LE COMMISSAIRE Laissez-moi faire, je sais mon métier, Dieu merci. Ce n'est pas d'aujourd'hui que je me mêle de découvrir des vols; et je voudrais avoir autant de sacs de mille francs que j'ai fait pendre de personnes.

HARPAGON Tous les magistrats sont intéressés à prendre cette affaire en main; et si l'on ne me fait retrouver mon argent, je demanderai justice de la justice.

LE COMMISSAIRE Il faut faire toutes les poursuites requises. Vous dites qu'il y avait dans cette cassette...?

HARPAGON Dix mille écus bien comptés.

LE COMMISSAIRE Dix mille écus!

HARPAGON Dix mille écus.

LE COMMISSAIRE Le vol est considérable.

HARPAGON Il n'y a point de supplice assez grand pour l'énormité de ce crime; et s'il demeure impuni, les choses les plus sacrées ne sont plus en sûreté.

LE COMMISSAIRE En quelles espèces était cette somme?

Scena I

Arpagone, il Commissario, il suo Aiutante

COMMISSARIO Lasciatemi fare, conosco il mio mestiere, grazie a Dio. Non è da oggi che mi occupo di furti, e vorrei avere tanti sacchi pieni di mille franchi quante persone ho fatto impiccare.

ARPAGONE Tutti i magistrati hanno interesse[1] ad assumersi un incarico come questo; e se non mi fate ritrovare il mio denaro, chiederò che si applichi la giustizia alla giustizia.

COMMISSARIO Bisogna condurre tutte le investigazioni necessarie. Avete detto che nella cassetta c'erano...

ARPAGONE Diecimila scudi uno sull'altro.

COMMISSARIO Diecimila scudi!

ARPAGONE Diecimila scudi.

COMMISSARIO Un furto considerevole.

ARPAGONE Per un delitto così enorme non c'è supplizio che basti; se rimarrà impunito, non ci sarà più alcuna salvaguardia per le cose più sacre.

COMMISSARIO E di quali monete era costituita la somma?

HARPAGON En bons louis d'or et pistoles bien trébuchantes.

LE COMMISSAIRE Qui soupçonnez-vous de ce vol?

HARPAGON Tout le monde; et je veux que vous arrêtiez prisonniers la ville et les faubourgs.

LE COMMISSAIRE Il faut, si vous m'en croyez, n'effaroucher personne, et tâcher doucement d'attraper quelques preuves, afin de procéder après par la rigueur au recouvrement des deniers qui vous ont été pris.

Scène II

Maître Jacques, Harpagon, le Commissaire, son Clerc

MAÎTRE JACQUES (*au bout du théâtre, en se retournant du côté dont il sort*) Je m'en vais revenir. Qu'on me l'égorge tout à l'heure; qu'on me lui fasse griller les pieds, qu'on me le mette dans l'eau bouillante, et qu'on me le pende au plancher.

HARPAGON Qui? celui qui m'a dérobé?

MAÎTRE JACQUES Je parle d'un cochon de lait que votre intendant me vient d'envoyer, et je veux vous l'accommoder à ma fantaisie.

HARPAGON Il n'est pas question de cela; et voilà Monsieur, à qui il faut parler d'autre chose.

LE COMMISSAIRE Ne vous épouvantez point. Je suis homme à ne vous point scandaliser, et les choses iront dans la douceur.

MAÎTRE JACQUES Monsieur est de votre souper?

ARPAGONE Di bei luigi d'oro e di pistole di buon peso.

COMMISSARIO Chi sospettate del furto?

ARPAGONE Tutti; e desidero che arrestiate l'intera città con tutti i sobborghi.

COMMISSARIO Non bisogna allarmare la gente, se mi date ascolto, ma piuttosto tentare in silenzio di raccogliere qualche prova, al fine di procedere con rigore al recupero dei quattrini che vi hanno portato via.

Scena II

Mastro Giacomo, Arpagone, il Commissario, il suo Aiutante

MASTRO GIACOMO (*in fondo alla scena, voltandosi verso il lato dal quale sta uscendo*) Ritornerò. Sgozzatelo subito; fategli bruciacchiare i piedi, immergetelo in acqua bollente e appendetelo al soffitto.

ARPAGONE Chi? Il ladro?

MASTRO GIACOMO Il maialino di latte che il vostro intendente mi ha mandato; vorrei accomodarlo a modo mio.

ARPAGONE Non si tratta di questo; c'è il Signore, piuttosto, con cui bisognerà parlare di altre cose.

COMMISSARIO Non abbiate timore. Con me non ci si espone a scandali, le cose fileranno lisce.

MASTRO GIACOMO Il Signore rimane a cena?

LE COMMISSAIRE Il faut ici, mon cher ami, ne rien cacher à votre maître.

MAÎTRE JACQUES Ma foi! Monsieur, je montrerai tout ce que je sais faire, et je vous traiterai du mieux qu'il me sera possible.

HARPAGON Ce n'est pas là l'affaire.

MAÎTRE JACQUES Si je ne vous fais pas aussi bonne chère que je voudrais, c'est la faute de Monsieur notre intendant, qui m'a rogné les ailes avec les ciseaux de son économie.

HARPAGON Traître, il s'agit d'autre chose que de souper; et je veux que tu me dises des nouvelles de l'argent qu'on m'a pris.

MAÎTRE JACQUES On vous a pris de l'argent?

HARPAGON Oui, coquin; et je m'en vais te pendre, si tu ne me le rends.

LE COMMISSAIRE Mon Dieu! ne le maltraitez point. Je vois à sa mine qu'il est honnête homme, et que sans se faire mettre en prison, il vous découvrira ce que vous voulez savoir. Oui, mon ami, si vous nous confessez la chose, il ne vous sera fait aucun mal, et vous serez récompensé comme il faut par votre maître. On lui a pris aujourd'hui son argent, et il n'est pas que vous ne sachiez quelques nouvelles de cette affaire.

MAÎTRE JACQUES (*à part*) Voici justement ce qu'il me faut pour me venger de notre intendant: depuis qu'il est entré céans, il est le favori, on n'écoute que ses conseils, et j'ai aussi sur le coeur les coups de bâton de tantôt.

HARPAGON Qu'as-tu à ruminer?

LE COMMISSAIRE Laissez-le faire: il se prépare à vous contenter, et je vous ai bien dit qu'il était honnête homme.

COMMISSARIO Si tratta, caro amico, di non nascondere nulla al vostro padrone.

MASTRO GIACOMO Figuriamoci! Signore, mostrerò tutto quello che so fare, e vi tratterò nel miglior modo possibile.

ARPAGONE Non è questo l'argomento.

MASTRO GIACOMO Se non vi preparo la cena come vorrei, la colpa è del signor intendente, che mi tarpa le ali con le forbicine della sua economia.

ARPAGONE Traditore, si tratta di ben altro che della cena; mi devi dire quello che sai del denaro che m'han rubato.

MASTRO GIACOMO Vi hanno rubato del denaro?

ARPAGONE Sì, manigoldo; e ti farò impiccare, se non me lo rendi.

COMMISSARIO Dio mio! non strapazzatelo a questo modo. Lo vedo dalla faccia che è un uomo onesto e che, senza farsi mettere in prigione, vi dirà quel che volete sapere. Sì, amico mio, se parlerete non vi sarà fatto alcun male e il vostro padrone saprà come ricompensarvi. Oggi lo hanno derubato del suo denaro; non può essere che voi non ne sappiate nulla.

MASTRO GIACOMO (*a parte*) È giusto quel che ci vuole per vendicarmi dell'intendente; da quando è entrato in questa casa, è il favorito, non si ascoltano che le sue raccomandazioni; e le bastonate di poc'anzi non le ho ancora mandate giù.

ARPAGONE Che cosa stai ruminando?

COMMISSARIO Lasciatelo fare: si prepara a darvi soddisfazione, ve l'avevo detto che era un uomo onesto.

MAÎTRE JACQUES Monsieur, si vous voulez que je vous dise les choses, je crois que c'est Monsieur votre cher intendant qui a fait le coup.

HARPAGON Valère?

MAÎTRE JACQUES Oui.

HARPAGON Lui, qui me paraît si fidèle?

MAÎTRE JACQUES Lui-même. Je crois que c'est lui qui vous a dérobé.

HARPAGON Et sur quoi le crois-tu?

MAÎTRE JACQUES Sur quoi?

HARPAGON Oui.

MAÎTRE JACQUES Je le crois... sur ce que je le crois.

LE COMMISSAIRE Mais il est nécessaire de dire les indices que vous avez.

HARPAGON L'as-tu vu rôder autour du lieu où j'avais mis mon argent?

MAÎTRE JACQUES Oui, vraiment. Où était-il votre argent?

HARPAGON Dans le jardin.

MAÎTRE JACQUES Justement: je l'ai vu rôder dans le jardin. Et dans quoi est-ce que cet argent était?

HARPAGON Dans une cassette.

MAÎTRE JACQUES Voilà l'affaire: je lui ai vu une cassette.

MASTRO GIACOMO Signore, se devo dire le cose fino in fondo, credo che a fare il colpo sia stato il vostro caro signor intendente.

ARPAGONE Valerio?

MASTRO GIACOMO Sì.

ARPAGONE Lui, che sembrava così fidato?

MASTRO GIACOMO Lui in persona; sono convinto che a derubarvi sia stato lui.

ARPAGONE Come mai sei così sicuro?

MASTRO GIACOMO Come mai?

ARPAGONE Sì.

MASTRO GIACOMO Ne sono sicuro... perché ne sono sicuro.

COMMISSARIO Ma dovete dire su quali indizi vi basate.

ARPAGONE Lo hai visto aggirarsi attorno al punto in cui avevo messo il denaro?

MASTRO GIACOMO Sì, è così. Dov'era il denaro?

ARPAGONE In giardino.

MASTRO GIACOMO Per l'appunto: l'ho visto aggirarsi in giardino. E dov'era contenuto il denaro?

ARPAGONE In una cassetta.

MASTRO GIACOMO È quella: aveva con sé una cassetta.

HARPAGON Et cette cassette, comment est-elle faite? Je verrai bien si c'est la mienne.

MAÎTRE JACQUES Comment elle est faite?

HARPAGON Oui.

MAÎTRE JACQUES Elle est faite... elle est faite comme une cassette.

LE COMMISSAIRE Cela s'entend. Mais dépeignez-la un peu, pour voir.

MAÎTRE JACQUES C'est une grande cassette.

HARPAGON Celle qu'on m'a volée est petite.

MAÎTRE JACQUES Eh! oui, elle est petite, si on le veut prendre par-là; mais je l'appelle grande pour ce qu'elle contient.

LE COMMISSAIRE Et de quelle couleur est-elle?

MAÎTRE JACQUES De quelle couleur?

LE COMMISSAIRE Oui.

MAÎTRE JACQUES Elle est de couleur... là, d'une certaine couleur... Ne sauriez-vous m'aider à dire?

HARPAGON Euh?

MAÎTRE JACQUES N'est-elle pas rouge?

HARPAGON Non, grise.

MAÎTRE JACQUES Eh! oui, gris-rouge: c'est ce que je voulais dire.

ARPAGONE E questa cassetta com'era fatta? Vediamo un po' se è la mia.

MASTRO GIACOMO Com'era fatta?

ARPAGONE Sì.

MASTRO GIACOMO Era fatta... era fatta come una cassetta.

COMMISSARIO Si capisce. Ma descrivetela un po', per avere un'idea.

MASTRO GIACOMO Era una grossa cassetta.

ARPAGONE Quella che m'han rubata era piccola.

MASTRO GIACOMO Eh! sì, piccola, in un certo senso; dicevo grossa per quel che contiene.

COMMISSARIO Di che colore?

MASTRO GIACOMO Di che colore?

COMMISSARIO Sì.

MASTRO GIACOMO Di color... ecco, di un certo colore... Non potete venirmi in aiuto?

ARPAGONE Eh?

MASTRO GIACOMO Non era rossa?

ARPAGONE No, grigia.

MASTRO GIACOMO Ah! sì, grigio-rossa: era quel che volevo dire.

HARPAGON Il n'y a point de doute: c'est elle assurément. Écrivez, Monsieur, écrivez sa déposition. Ciel! à qui désormais se fier? Il ne faut plus jurer de rien; et je crois après cela que je suis homme à me voler moi-même.

MAÎTRE JACQUES Monsieur, le voici qui revient. Ne lui allez pas dire au moins que c'est moi qui vous ai découvert cela.

Scène III

Valère, Harpagon, le Commissaire, son Clerc, Maître Jacques

HARPAGON Approche: viens confesser l'action la plus noire, l'attentat le plus horrible qui jamais ait été commis.

VALÈRE Que voulez-vous, Monsieur?

HARPAGON Comment, traître, tu ne rougis pas de ton crime?

VALÈRE De quel crime voulez-vous donc parler?

HARPAGON De quel crime je veux parler, infâme! comme si tu ne savais pas ce que je veux dire. C'est en vain que tu prétendrais de le déguiser: l'affaire est découverte, et l'on vient de m'apprendre tout. Comment abuser ainsi de ma bonté, et s'introduire exprès chez moi pour me trahir? pour me jouer un tour de cette nature?

VALÈRE Monsieur, puisqu'on vous a découvert tout, je ne veux point chercher de détours et vous nier la chose.

MAÎTRE JACQUES Oh! oh! aurais-je deviné sans y penser?

VALÈRE C'était mon dessein de vous en parler, et je voulais attendre pour cela des conjonctures favorables; mais puis-

ARPAGONE Non c'è dubbio: è la mia di certo. Scrivete, Signore, la sua deposizione. Cielo! di chi ci si può fidare ormai? Non si può più giurare su nulla; a questo punto credo che potrei derubarmi da solo.

MASTRO GIACOMO Signore, eccolo che sta tornando. Non ditegli almeno che lo avete saputo da me.

Scena III

Valerio, Arpagone, il Commissario,
il suo Aiutante, Mastro Giacomo

ARPAGONE Avvicinati: vieni a confessare l'azione più nera, l'attentato più orribile che sia mai stato commesso.

VALERIO Che volete, Signore?

ARPAGONE Come, traditore, non arrossisci del tuo delitto?

VALERIO Di quale delitto state parlando?

ARPAGONE Di quale delitto sto parlando, infame! come se tu non sapessi che cosa voglio dire. Invano vorresti occultare il fatto: sei stato scoperto, ho saputo ogni cosa. Come hai potuto abusare della mia bontà, e introdurti apposta in casa mia per tradirmi? per giocarmi un tiro di questa fatta?

VALERIO Signore, poiché avete scoperto tutto, non voglio più cercare sotterfugi e negare la verità.

MASTRO GIACOMO Oh! oh! avrei dunque indovinato senza volerlo?

VALERIO Era mia intenzione parlarvene, e volevo attendere a questo proposito una congiuntura favorevole; ma poiché le

qu'il est ainsi, je vous conjure de ne vous point fâcher, et de vouloir entendre mes raisons.

HARPAGON Et quelles belles raisons peux-tu me donner, voleur infâme?

VALÈRE Ah! Monsieur, je n'ai pas mérité ces noms. Il est vrai que j'ai commis une offense envers vous; mais, après tout, ma faute est pardonnable.

HARPAGON Comment, pardonnable? Un guet-apens? un assassinat de la sorte?

VALÈRE De grâce, ne vous mettez point en colère. Quand vous m'aurez ouï, vous verrez que le mal n'est pas si grand que vous le faites.

HARPAGON Le mal n'est pas si grand que je le fais. Quoi? mon sang, mes entrailles, pendard?

VALÈRE Votre sang, Monsieur, n'est pas tombé dans de mauvaises mains. Je suis d'une condition à ne lui point faire de tort, et il n'y a rien en tout ceci que je ne puisse bien réparer.

HARPAGON C'est bien mon intention, et que tu me restitues ce que tu m'as ravi.

VALÈRE Votre honneur, Monsieur, sera pleinement satisfait.

HARPAGON Il n'est pas question d'honneur là-dedans. Mais, dis-moi, qui t'a porté à cette action?

VALÈRE Hélas! me le demandez-vous?

HARPAGON Oui, vraiment, je te le demande.

VALÈRE Un dieu qui porte les excuses de tout ce qu'il fait faire: l'Amour.

cose stanno a questo punto, vi scongiuro, non sdegnatevi e vogliate ascoltare le mie ragioni.

ARPAGONE E che razza di ragioni vorresti addurre, ladro infame?

VALERIO Ah! Signore, non merito questi improperi; vi ho recato offesa, è vero; ma dopo tutto, il mio peccato è perdonabile.

ARPAGONE Come, perdonabile? un agguato? un misfatto di questa natura?

VALERIO Di grazia, non andate in collera. Quando mi avrete ascoltato, vedrete che il male non è così grande come lo fate voi.

ARPAGONE Il male non è così grande come lo faccio io? Ma come! il mio sangue, le mie viscere, delinquente?

VALERIO Il vostro sangue, Signore, non è caduto in cattive mani. La mia condizione mi consente di non fargli alcun torto, e non c'è nulla in ciò che è stato che io non possa riparare.

ARPAGONE Se è per questo, anch'io intendo che tu mi restituisca quel che m'hai preso.

VALERIO Il vostro onore, Signore, sarà pienamente soddisfatto.

ARPAGONE L'onore non c'entra in tutto questo. Ma dimmi, che cosa ti ha spinto a questa azione?

VALERIO Ahimè! me lo chiedete?

ARPAGONE Certo che te lo chiedo.

VALERIO Un dio che giustifica tutto ciò che si commette in suo onore: l'Amore.

HARPAGON L'Amour?

VALÈRE Oui.

HARPAGON Bel amour, bel amour, ma foi! l'amour de mes louis d'or.

VALÈRE Non, Monsieur, ce ne sont point vos richesses qui m'ont tenté; ce n'est pas cela qui m'a ébloui, et je proteste de ne prétendre rien à tous vos biens, pourvu que vous me laissiez celui que j'ai.

HARPAGON Non ferai, de par tous les diables! je ne te le laisserai pas. Mais voyez quelle insolence de vouloir retenir le vol qu'il m'a fait!

VALÈRE Appelez-vous cela un vol?

HARPAGON Si je l'appelle un vol? Un trésor comme celui-là!

VALÈRE C'est un trésor, il est vrai, et le plus précieux que vous ayez sans doute; mais ce ne sera pas le perdre que de me le laisser. Je vous le demande à genoux, ce trésor plein de charmes; et pour bien faire, il faut que vous me l'accordiez.

HARPAGON Je n'en ferai rien. Qu'est-ce à dire cela?

VALÈRE Nous nous sommes promis une foi mutuelle, et avons fait serment de ne nous point abandonner.

HARPAGON Le serment est admirable, et la promesse plaisante!

VALÈRE Oui, nous nous sommes engagés d'être l'un à l'autre à jamais.

HARPAGON Je vous en empêcherai bien, je vous assure.

ARPAGONE L'Amore?

VALERIO Sì.

ARPAGONE Bell'amore, bell'amore davvero! l'amore per i miei luigi d'oro.

VALERIO No, Signore, non sono le vostre ricchezze che mi hanno tentato; non è questo che mi ha abbagliato, ed io vi dichiaro che non accampo pretesa alcuna sui vostri beni, purché mi lasciate quello che ho.

ARPAGONE Questo no, per tutti i diavoli! non te lo lascio di certo. Ma guardate che insolenza: volersi tenere la refurtiva!

VALERIO E voi la chiamate refurtiva?

ARPAGONE Se la chiamo refurtiva? Un tesoro come quello!

VALERIO È un tesoro, è vero, e senza dubbio il più prezioso che abbiate; ma lasciarmelo non vuol dire perderlo. Ve lo chiedo in ginocchio, questo tesoro pieno d'incanti; e se volete operare bene, dovete accordarmelo.

ARPAGONE Non se ne fa niente. Ma sono cose da dire?

VALERIO Ci siamo promessi reciproca fede, e abbiamo giurato che non ci separeremo mai.

ARPAGONE Il giuramento è ammirevole, e la promessa davvero spassosa!

VALERIO Sì, ci siamo impegnati: saremo per sempre l'uno dell'altro.

ARPAGONE Ve lo impedirò, questo è certo.

VALÈRE Rien que la mort ne nous peut séparer.

HARPAGON C'est être bien endiablé après mon argent.

VALÈRE Je vous ai déjà dit, Monsieur, que ce n'était point l'intérêt qui m'avait poussé à faire ce que j'ai fait. Mon coeur n'a point agi par les ressorts que vous pensez, et un motif plus noble m'a inspiré cette résolution.

HARPAGON Vous verrez que c'est par charité chrétienne qu'il veut avoir mon bien; mais j'y donnerai bon ordre; et la justice, pendard effronté, me va faire raison de tout.

VALÈRE Vous en userez comme vous voudrez, et me voilà prêt à souffrir toutes les violences qu'il vous plaira; mais je vous prie de croire, au moins, que, s'il y a du mal, ce n'est que moi qu'il en faut accuser, et que votre fille en tout ceci n'est aucunement coupable.

HARPAGON Je le crois bien, vraiment; il serait fort étrange que ma fille eût trempé dans ce crime. Mais je veux ravoir mon affaire, et que tu me confesses en quel endroit tu me l'as enlevée.

VALÈRE Moi? je ne l'ai point enlevée, et elle est encore chez vous.

HARPAGON Ô ma chère cassette! Elle n'est point sortie de ma maison?

VALÈRE Non, Monsieur.

HARPAGON Hé! dis-moi donc un peu: tu n'y as point touché?

VALÈRE Moi, y toucher? Ah! vous lui faites tort, aussi bien qu'à moi; et c'est d'une ardeur toute pure et respectueuse que j'ai brûlé pour elle.

VALERIO Soltanto la morte ci potrà separare.

ARPAGONE Assatanato davvero dietro il mio denaro.

VALERIO Vi ho già detto, Signore, che non è l'interesse che mi ha spinto a fare quel che ho fatto. La forza che ha dato slancio al mio cuore non è quella che voi pensate, una ragione più nobile ha ispirato la mia risoluzione.

ARPAGONE Sta' a vedere, adesso, che è per carità cristiana che vuole avere i miei soldi; provvederò io a ripristinare l'ordine; e la giustizia, delinquente svergognato, farà valere le mie ragioni.

VALERIO Potete agire come volete, sono pronto a sopportare qualsiasi violenza; ma vi prego di credere, almeno, che se male vi è stato, soltanto me dovete accusare, e che vostra figlia in quanto è accaduto non ha la minima colpa.

ARPAGONE Lo credo bene; sarebbe assurdo[2] che mia figlia cadesse[3] in una simile scelleratezza. Ma voglio recuperare la roba mia e tu devi confessare dove l'hai rapita.

VALERIO Io? io non ho rapito nessuno, è rimasta in casa vostra.

ARPAGONE Oh, la mia cara cassetta![4] Non è dunque uscita dalla casa?

VALERIO No, Signore.

ARPAGONE E dimmi un po': l'hai manomessa?

VALERIO Io, manometterla? Ah! fate torto anche a lei, non solo a me; l'ardore che m'infiamma è puro e rispettoso.

HARPAGON Brûlé pour ma cassette!

VALÈRE J'aimerais mieux mourir que de lui avoir fait paraître aucune pensée offensante: elle est trop sage et trop honnête pour cela.

HARPAGON Ma cassette trop honnête!

VALÈRE Tous mes désirs se sont bornés à jouir de sa vue; et rien de criminel n'a profané la passion que ses beaux yeux m'ont inspirée.

HARPAGON Les beaux yeux de ma cassette! Il parle d'elle comme un amant d'une maîtresse.

VALÈRE Dame Claude, Monsieur, sait la vérité de cette aventure, et elle vous peut rendre témoignage...

HARPAGON Quoi? ma servante est complice de l'affaire?

VALÈRE Oui, Monsieur, elle a été témoin de notre engagement; et c'est après avoir connu l'honnêteté de ma flamme, qu'elle m'a aidé à persuader votre fille de me donner sa foi, et recevoir la mienne.

HARPAGON Eh? Est-ce que la peur de la justice le fait extravaguer? Que nous brouilles-tu ici de ma fille?

VALÈRE Je dis, Monsieur, que j'ai eu toutes les peines du monde à faire consentir sa pudeur à ce que voulait mon amour.

HARPAGON La pudeur de qui?

VALÈRE De votre fille; et c'est seulement depuis hier qu'elle a pu se résoudre à nous signer mutuellement une promesse de mariage.

ARPAGONE Infiammarsi per la mia cassetta!

VALERIO Preferirei morire che avere avuto per lei un pensiero oltraggioso: è troppo buona e troppo onesta.

ARPAGONE La mia cassetta troppo onesta!

VALERIO Tutti i miei desideri si sono limitati a godere della sua vista; e nulla di peccaminoso ha profanato la passione che i suoi begli occhi mi hanno ispirato.

ARPAGONE I begli occhi della mia cassetta! Sembra un innamorato che parli della sua donna.

VALERIO La signora Claudia, Signore, conosce la nostra storia, e può testimoniare...

ARPAGONE Cosa? la mia domestica complice in questa vicenda?

VALERIO Sì, Signore, è stata testimone delle nostre promesse; e solo dopo aver visto che la mia passione era onesta, mi ha aiutato a persuadere vostra figlia a ricambiare quella fedeltà che io le avevo giurato.

ARPAGONE Eh? Vuoi vedere che la paura della giustizia sta facendolo farneticare? Che garbuglio stai combinando attorno a mia figlia?

VALERIO Sto dicendo, Signore, che ho durato tutte le pene di questo mondo per convincere il suo pudore ad accettare l'amor mio.

ARPAGONE Il pudore di chi?

VALERIO Di vostra figlia; e soltanto ieri si è decisa a sottoscrivere la nostra reciproca promessa di matrimonio.

HARPAGON Ma fille t'a signé une promesse de mariage!

VALÈRE Oui, Monsieur, comme de ma part je lui en ai signé une.

HARPAGON Ô Ciel! autre disgrâce!

MAÎTRE JACQUES Écrivez, Monsieur, écrivez.

HARPAGON Rengrégement de mal! surcroît de désespoir! Allons, Monsieur, faites le dû de votre charge, et dressez-lui-moi son procès, comme larron, et comme suborneur.

VALÈRE Ce sont des noms qui ne me sont point dus; et quand on saura qui je suis...

Scène IV

Élise, Mariane, Frosine, Harpagon, Valère, Maître Jacques, le Commissaire, son Clerc

HARPAGON Ah! fille scélérate! fille indigne d'un père comme moi! c'est ainsi que tu pratiques les leçons que je t'ai données? Tu te laisses prendre d'amour pour un voleur infâme, et tu lui engages ta foi sans mon consentement? Mais vous serez trompés l'un et l'autre. Quatre bonnes murailles me répondront de ta conduite; et une bonne potence me fera raison de ton audace.

VALÈRE Ce ne sera point votre passion qui jugera l'affaire; et l'on m'écoutera, au moins, avant que de me condamner.

HARPAGON Je me suis abusé de dire une potence, et tu seras roué tout vif.

ÉLISE (*à genoux devant son père*) Ah! mon père, prenez des sentiments un peu plus humains, je vous prie, et n'allez

ARPAGONE Mia figlia ha sottoscritto una promessa di matrimonio?

VALERIO Sì, Signore, ed io dal canto mio ho fatto altrettanto.

ARPAGONE Cielo! un'altra disgrazia!

MASTRO GIACOMO Scrivete, Signore, scrivete.

ARPAGONE Infinita sequela di mali! sventura s'aggiunge a sventura![5] Suvvia, Signore, fate il dover vostro, e lo si denunci per furto e seduzione.

VALERIO Non merito queste accuse; e quando si saprà chi sono...

Scena IV

Elisa, Mariana, Frosina, Arpagone, Valerio, Mastro Giacomo, il Commissario, il suo Aiutante

ARPAGONE Ah! figlia scellerata! figlia indegna di tanto padre! è in questo modo che metti in pratica i miei insegnamenti? Ti lasci vincere dall'amore per un infame ladro, e ti prometti a lui senza il mio consenso? Ma sarete delusi tutti e due. Quattro solide mura saranno il frutto della tua condotta; e un buon capestro risponderà della sua audacia.[6]

VALERIO Non sarà la vostra bramosia che giudicherà; mi si dovrà ascoltare, se non altro, prima di condannarmi.

ARPAGONE Ho detto poco, parlando di capestro; sarai scorticato vivo sulla ruota.

ELISA (*in ginocchio davanti al padre*) Ah! padre mio, abbiate sentimenti un poco più umani, vi prego, e non spingete il

point pousser les choses dans les dernières violences du pouvoir paternel. Ne vous laissez point entraîner aux premiers mouvements de votre passion, et donnez-vous le temps de considérer ce que vous voulez faire. Prenez la peine de mieux voir celui dont vous vous offensez: il est toute autre que vos yeux ne le jugent; et vous trouverez moins étrange que je me sois donnée à lui, lorsque vous saurez que sans lui vous ne m'auriez plus il y a longtemps. Oui, mon père, c'est celui qui me sauva de ce grand péril que vous savez que je courus dans l'eau, et à qui vous devez la vie de cette même fille dont...

HARPAGON Tout cela n'est rien; et il valait bien mieux pour moi qu'il te laissât noyer que de faire ce qu'il a fait.

ÉLISE Mon père, je vous conjure, par l'amour paternel, de me...

HARPAGON Non, non, je ne veux rien entendre; et il faut que la justice fasse son devoir.

MAÎTRE JACQUES Tu me payeras mes coups de bâton.

FROSINE Voici un étrange embarras.

Scène v

Anselme, Harpagon, Élise, Mariane, Frosine, Valère, Maître Jacques, le Commissaire, son Clerc

ANSELME Qu'est-ce, seigneur Harpagon? je vous vois tout ému.

HARPAGON Ah! seigneur Anselme, vous me voyez le plus infortuné de tous les hommes; et voici bien du trouble et du désordre au contrat que vous venez faire! On m'assassine dans le bien, on m'assassine dans l'honneur; et voilà un

vostro potere di padre fino alla violenza più estrema. Non lasciatevi trasportare dal primo impeto della passione e prendetevi un po' di tempo per pensare a quel che intendete fare. Datevi il disturbo di considerare con più attenzione la persona che credete vi abbia offeso; è assai diversa da come appare ai vostri occhi; e giudicherete meno grave[7] che io mi sia promessa a lui quando saprete che senza di lui non sarei più qui da tempo. Sì, padre mio, è lui che mi ha salvato dalle acque, quando corsi il pericolo che sapete, e a lui dovete la vita di questa vostra figlia che...

ARPAGONE Non è questo che importa; sarebbe stato meglio per me che ti avesse lasciata annegare piuttosto che fare quel che ha fatto.

ELISA Padre mio, vi scongiuro, per il vostro amore di padre, di...

ARPAGONE No, non voglio sentire nulla; e la giustizia faccia il suo corso.

MASTRO GIACOMO E quelle bastonate, me le pagherai.

FROSINA Che incredibile[8] guazzabuglio.

Scena V

Anselmo, Arpagone, Elisa, Mariana, Frosina, Valerio, Mastro Giacomo, il Commissario, il suo Aiutante

ANSELMO Che sta succedendo, signor Arpagone? vi vedo stravolto.

ARPAGONE Ah! signor Anselmo, vedete davanti a voi il più sventurato degli uomini; e non sapete gli ostacoli e gli imbrogli che si oppongono al contratto che venite a fare! Mi hanno ucciso nella proprietà, mi hanno ucciso nell'onore; e

traître, un scélérat, qui a violé tous les droits les plus saints, qui s'ést coulé chez moi sous le titre de domestique, pour me dérober mon argent et pour me suborner ma fille.

VALÈRE Qui songe à votre argent, dont vous me faites un galimatias?

HARPAGON Oui, ils se sont donné l'un et l'autre une promesse de mariage. Cet affront vous regarde, seigneur Anselme, et c'est vous qui devez vous rendre partie contre lui, et faire toutes les poursuites de la justice, pour vous venger de son insolence.

ANSELME Ce n'est pas mon dessein de me faire épouser par force, et de rien prétendre à un coeur qui se serait donné; mais pour vos intérêts, je suis prêt à les embrasser ainsi que les miens propres.

HARPAGON Voilà Monsieur qui est un honnête commissaire, qui n'oubliera rien, à ce qu'il m'a dit, de la fonction de son office. Chargez-le comme il faut, Monsieur, et rendez les choses bien criminelles.

VALÈRE Je ne vois pas quel crime on me peut faire de la passion que j'ai pour votre fille; et le supplice où vous croyez que je puisse être condamné pour notre engagement, lorsqu'on saura ce que je suis...

HARPAGON Je me moque de tous ces contes; et le monde aujourd'hui n'est plein que de ces larrons de noblesse, que de ces imposteurs, qui tirent avantage de leur obscurité, et s'habillent insolemment du premier nom illustre qu'ils s'avisent de prendre.

VALÈRE Sachez que j'ai le coeur trop bon pour me parer de quelque chose qui ne soit point à moi, et que tout Naples peut rendre témoignage de ma naissance.

costui è un traditore, uno scellerato, che ha violato i più sacri diritti, che si è insinuato in casa mia sotto sembianza di domestico per derubarmi del mio denaro e per subornare la mia figliola.

VALERIO Ma cos'è questa tiritera? chi ha mai pensato al vostro denaro?

ARPAGONE Sì, hanno promesso di sposarsi. Questo è un affronto che vi tocca, signor Anselmo, e siete voi che lo dovete perseguire, e promuovere un'azione legale per punire la sua insolenza.

ANSELMO Non ho nessuna intenzione di farmi sposare per forza, né di pretendere qualcosa da un cuore che si è già concesso; ma se si tratta di difendere i vostri interessi, lo faccio come se fossero i miei.

ARPAGONE Questo Signore è un commissario galantuomo, che non tralascerà, mi ha detto, nessuna azione di sua competenza. Accusatelo ben bene, Signore, e fate in modo che il suo crimine sia gravissimo.[9]

VALERIO Non vedo quale crimine ci sia nella passione che ho per vostra figlia, né a quale pena io possa essere condannato per la promessa che ci siamo fatti, quando saprete chi sono...

ARPAGONE Me ne infischio di queste fanfaluche; il mondo oggi è pieno di gente che rapina i titoli nobiliari, di impostori che traggono vantaggio dalla loro origine oscura e si ammantano con insolenza del primo nome illustre che viene loro a tiro.

VALERIO Sappiate che non oserei mai farmi bello con ciò che non mi appartiene, e che tutta Napoli può testimoniare della mia nascita.

ANSELME Tout beau! prenez garde à ce que vous allez dire. Vous risquez ici plus que vous ne pensez; et vous parlez devant un homme à qui tout Naples est connu, et qui peut aisément voir clair dans l'histoire que vous ferez.

VALÈRE (*en mettant fièrement son chapeau*) Je ne suis point homme à rien craindre, et si Naples vous est connu, vous savez qui était Dom Thomas d'Alburcy.

ANSELME Sans doute, je le sais; et peu de gens l'ont connu mieux que moi.

HARPAGON Je ne me soucie ni de Dom Thomas ni de Dom Martin.

ANSELME De grâce, laissez-le parler, nous verrons ce qu'il en veut dire.

VALÈRE Je veux dire que c'est lui qui m'a donné le jour.

ANSELME Lui?

VALÈRE Oui.

ANSELME Allez; vous vous moquez. Cherchez quelque autre histoire, qui vous puisse mieux réussir, et ne prétendez pas vous sauver sous cette imposture.

VALÈRE Songez à mieux parler. Ce n'est point une imposture; et je n'avance rien qu'il ne me soit aisé de justifier.

ANSELME Quoi? vous osez vous dire fils de Dom Thomas d'Alburcy?

VALÈRE Oui, je l'ose; et je suis prêt de soutenir cette vérité contre qui que ce soit.

ANSELMO Un momento! attento a quel che dite. Correte un rischio maggiore di quel che immaginate; state parlando a uno che a Napoli conosce tutti e che può facilmente veder chiaro nella storia che state raccontando.

VALERIO (*mettendosi con fierezza il cappello*) Non ho nulla da temere e se voi conoscete Napoli saprete chi era don Tommaso d'Alburcy.

ANSELMO Certo che lo so; e pochi lo hanno conosciuto meglio di me.

ARPAGONE Io non mi preoccupo né di don Tommaso né di don Martino.

ANSELMO Di grazia, lasciatelo parlare, sentiamo quel che ha da dire.

VALERIO Questo ho da dire: che mi ha dato la vita.

ANSELMO Lui?

VALERIO Sì.

ANSELMO Andiamo, non parlate sul serio. Inventate una storia che vi soccorra meglio e non pretendete di farla franca con questa impostura.

VALERIO Pensate bene a quel che state dicendo. Non è un'impostura; non ricorro a niente che non mi sia agevole dimostrare.

ANSELMO Come? avete il coraggio di dire che siete figlio di don Tommaso d'Alburcy?

VALERIO Sì, ne ho il coraggio; e sono pronto a sostenere questa verità di fronte a chiunque.

ANSELME L'audace est merveilleuse. Apprenez, pour vous confondre, qu'il y a seize ans pour le moins que l'homme dont vous nous parlez périt sur mer avec ses enfants et sa femme, en voulant dérober leur vie aux cruelles persécutions qui ont accompagné les désordres de Naples, et qui en firent exiler plusieurs nobles familles.

VALÈRE Oui; mais apprenez, pour vous confondre, vous, que son fils, âgé de sept ans, avec un domestique, fut sauvé de ce naufrage par un vaisseau espagnol, et que ce fils sauvé est celui qui vous parle; apprenez que le capitaine de ce vaisseau, touché de ma fortune, prit amitié pour moi; qu'il me fit élever comme son propre fils, et que les armes furent mon emploi dès que je m'en trouvai capable; que j'ai su depuis peu que mon père n'était point mort, comme je l'avais toujours cru; que passant ici pour l'aller chercher, une aventure, par le Ciel concertée, me fit voir la charmante Élise; que cette vue me rendit esclave de ses beautés; et que la violence de mon amour, et les sévérités de son père, me firent prendre la résolution de m'introduire dans son logis, et d'envoyer un autre à la quête de mes parents.

ANSELME Mais quels témoignages encore, autres que vos paroles, nous peuvent assurer que ce ne soit point une fable que vous ayez bâtie sur une vérité?

VALÈRE Le capitaine espagnol; un cachet de rubis qui était à mon père; un bracelet d'agate que ma mère m'avait mis au bras; le vieux Pedro, ce domestique qui se sauva avec moi du naufrage.

MARIANE Hélas! à vos paroles je puis ici répondre, moi, que vous n'imposez point; et tout ce que vous dites me fait connaître clairement que vous êtes mon frère.

VALÈRE Vous ma soeur?

ANSELMO Inaudita improntitudine. Sappiate, a vostro disdoro, che la persona di cui parlate è scomparsa in mare non meno di sedici anni fa, assieme alla moglie e ai figli, nell'intento di salvarli dalle crudeli persecuzioni che hanno accompagnato i disordini di Napoli e che hanno costretto all'esilio tante nobili famiglie.[10]

VALERIO Certo; ma sappiate anche voi, a vostro disdoro, che suo figlio, che aveva allora sette anni, fu salvato dal naufragio assieme a un servitore da un galeone spagnolo e che questo figlio salvato è colui che vi sta parlando; sappiate che il comandante di questo galeone, commosso dalla mia sorte, fu preso per me d'amicizia; che mi fece allevare come se fossi figlio suo, e che l'esercizio delle armi mi occupò non appena fui in grado di usarle; che seppi in seguito che mio padre non era morto, come avevo sempre creduto, e che passando da queste parti per andare a cercarlo, vidi, per un'occasione apprestatami dal Cielo, l'incantevole Elisa; che l'averla vista mi rese schiavo della sua bellezza; che la forza dell'amor mio e la severità di suo padre mi fecero prendere la risoluzione di introdurmi nella sua casa e di mandare un'altra persona alla ricerca dei miei genitori.

ANSELMO Ma quale altra prova, oltre alle vostre parole, ci può assicurare che la vostra non sia una favola che avete costruito sopra un fatto vero?

VALERIO Il comandante spagnolo; un sigillo di rubini che apparteneva a mio padre; un braccialetto d'agata che mia madre mi aveva messo al braccio; il vecchio Pedro, il servitore che si salvò con me dal naufragio.

MARIANA Oh, misericordia! alle vostre parole posso qui rispondere che la vostra non è millanteria; e tutto ciò che avete detto mi fa vedere chiaramente che voi siete mio fratello.

VALERIO Voi, mia sorella?

MARIANE Oui. Mon coeur s'est ému dès le moment que vous avez ouvert la bouche; et notre mère, que vous allez ravir, m'a mille fois entretenue des disgrâces de notre famille. Le Ciel ne nous fit point aussi périr dans ce triste naufrage; mais il ne nous sauva la vie que par la perte de notre liberté; et ce furent des corsaires qui nous recueillirent, ma mère et moi, sur un débris de notre vaisseau. Après dix ans d'esclavage, une heureuse fortune nous rendit notre liberté, et nous retournâmes dans Naples, où nous trouvâmes tout notre bien vendu, sans y pouvoir trouver des nouvelles de notre père. Nous passâmes à Gênes, où ma mère alla ramasser quelques malheureux restes d'une succession qu'on avait déchirée; et de là, fuyant la barbare injustice de ses parents, elle vint en ces lieux, où elle n'a presque vécu que d'une vie languissante.

ANSELME Ô Ciel! quels sont les traits de ta puissance! et que tu fais bien voir qu'il n'appartient qu'à toi de faire des miracles! Embrassez-moi, mes enfants, et mêlez tous deux vos transports à ceux de votre père.

VALÈRE Vous êtes notre père?

MARIANE C'est vous que ma mère a tant pleuré?

ANSELME Oui, ma fille, oui, mon fils, je suis Dom Thomas d'Alburcy, que le Ciel garantit des ondes avec tout l'argent qu'il portait, et qui vous ayant tous crus morts durant plus de seize ans, se préparait, après de longs voyages, à chercher dans l'hymen d'une douce et sage personne la consolation de quelque nouvelle famille. Le peu de sûreté que j'ai vu pour ma vie à retourner à Naples m'a fait y renoncer pour toujours; et ayant su trouver moyen d'y faire vendre ce que j'avais, je me suis habitué ici, où, sous le nom d'Anselme, j'ai voulu m'éloigner les chagrins de cet autre nom qui m'a causé tant de traverses.

HARPAGON C'est là votre fils?

MARIANA Sì, non appena avete aperto bocca, il mio cuore è stato vinto dalla commozione; tante volte nostra madre, che sarà ora al colmo della felicità, mi ha parlato delle disgrazie della nostra famiglia. Anche a noi il Cielo ha concesso di non perire in quel triste naufragio; ma salvandoci la vita, ci ha fatto perdere la libertà; fummo raccolte dai corsari, io e la mamma, sopra un relitto del galeone. Dopo dieci anni di schiavitù, una felice circostanza ci restituì la libertà; tornammo a Napoli, dove ogni nostro bene era stato venduto, senza poter avere notizie di nostro padre. Passammo a Genova, dove la mamma raccolse qualche misero resto di un'eredità che era stata dilapidata, e di là, fuggendo la barbara ingiustizia dei suoi genitori, ella venne in queste terre, dove ha vissuto pressoché nell'indigenza.

ANSELMO Cielo! con quali segni manifesti la tua potenza! e come chiaramente ci mostri che a te soltanto è dato fare miracoli! Abbracciatemi, figli miei, e unite la vostra gioia a quella di vostro padre.

VALERIO Voi, voi nostro padre?

MARIANA Voi, che mia madre ha tanto pianto?

ANSELMO Sì, figlia mia, sì, figlio mio, io sono don Tommaso d'Alburcy, che il Cielo ha protetto dalle onde con tutto il denaro che aveva, e che avendovi creduti morti per oltre sedici anni, si preparava dopo lunghi viaggi a cercare nelle nozze con una dolce e buona fanciulla, le consolazioni di una nuova famiglia. Il mio ritorno a Napoli non mi avrebbe consentito, pensavo, un'esistenza sicura, e vi rinunciai per sempre; e avendo trovato la possibilità di vendere ciò che possedevo, ho preso qui stabile dimora col nome di Anselmo, volendo in tal modo allontanare da me il fastidio di quell'altro nome, che tanti guai mi ha procurato.

ARPAGONE Quello è dunque vostro figlio?

ANSELME Oui.

HARPAGON Je vous prends à partie, pour me payer dix mille écus qu'il m'a volés.

ANSELME Lui, vous avoir volé?

HARPAGON Lui-même.

VALÈRE Qui vous dit cela?

HARPAGON Maître Jacques.

VALÈRE C'est toi qui le dis?

MAÎTRE JACQUES Vous voyez que je ne dis rien.

HARPAGON Oui, voilà Monsieur le Commissaire qui a reçu sa déposition.

VALÈRE Pouvez-vous me croire capable d'une action si lâche?

HARPAGON Capable ou non capable, je veux ravoir mon argent.

Scène VI

Cléante, Valère, Mariane, Élise, Frosine, Harpagon, Anselme, Maître Jacques, La Flèche, le Commissaire, son Clerc

CLÉANTE Ne vous tourmentez point, mon père, et n'accusez personne. J'ai découvert des nouvelles de votre affaire, et je viens ici pour vous dire que, si vous voulez vous résoudre à me laisser épouser Mariane, votre argent vous sera rendu.

ANSELMO Sì.

ARPAGONE Siete parte in causa, e mi dovete i diecimila scudi che mi ha rubato.

ANSELMO Vi ha rubato? Lui?

ARPAGONE Lui in persona.

VALERIO Chi l'ha detto?

ARPAGONE Mastro Giacomo.

VALERIO Sei tu che lo dici?

MASTRO GIACOMO Come vedete, non dico niente.

ARPAGONE Sì, e il Signor Commissario qui presente ha raccolto la sua deposizione.

VALERIO Potete credermi capace di un'azione tanto vile?

ARPAGONE Capace o non capace, voglio avere indietro i miei soldi.

Scena VI

Cleante, Valerio, Mariana, Elisa, Frosina, Arpagone, Anselmo, Mastro Giacomo, Freccia, il Commissario, il suo Aiutante

CLEANTE Non affliggetevi, padre mio, e non accusate nessuno. Ho scoperto alcune cose in argomento, e vengo a dirvi che se volete decidervi a lasciarmi sposare Mariana, il vostro denaro vi sarà restituito.

HARPAGON Où est-il?

CLÉANTE Ne vous en mettez point en peine: il est en lieu dont je réponds, et tout ne dépend que de moi. C'est à vous de me dire à quoi vous vous déterminez; et vous pouvez choisir, ou de me donner Mariane, ou de perdre votre cassette.

HARPAGON N'en a-t-on rien ôté?

CLÉANTE Rien du tout. Voyez si c'est votre dessein de souscrire à ce mariage, et de joindre votre consentement à celui de sa mère, qui lui laisse la liberté de faire un choix entre nous deux.

MARIANE Mais vous ne savez pas que ce n'est pas assez que ce consentement, et que le Ciel, avec un frère que vous voyez, vient de me rendre un père dont vous avez à m'obtenir.

ANSELME Le Ciel, mes enfants, ne me redonne point à vous pour être contraire à vos voeux. Seigneur Harpagon, vous jugez bien que le choix d'une jeune personne tombera sur le fils plutôt que sur le père. Allons, ne vous faites point dire ce qu'il n'est pas nécessaire d'entendre, et consentez ainsi que moi à ce double hyménée.

HARPAGON Il faut, pour me donner conseil, que je voie ma cassette.

CLÉANTE Vous la verrez saine et entière.

HARPAGON Je n'ai point d'argent à donner en mariage à mes enfants.

ANSELME Hé bien! j'en ai pour eux; que cela ne vous inquiète point.

ARPAGONE Dov'è?

CLEANTE Non preoccupatevi: lo so io dov'è e ne rispondo; dipende solo da me. Siete voi che dovete dirmi quale risoluzione prendete; potete scegliere fra il concedermi Mariana e il perdere la cassetta.

ARPAGONE Avete tolto nulla?

CLEANTE Assolutamente nulla. Vedete un po' se è vostro intendimento sottoscrivere a questo matrimonio, e di aggiungere il vostro consenso a quello di sua madre, che le lascia la libertà di scegliere fra noi due.

MARIANA Ma voi non sapete ancora che tale consenso non basta, e che il Cielo, assieme a un fratello che qui vedete, mi ha reso anche un padre; ed è a lui che dovete chiedermi.

ANSELMO Il Cielo, figli miei, non mi restituisce a voi perché io mi opponga ai vostri desideri. Signor Arpagone, voi capite benissimo che la scelta di una giovane cadrà piuttosto sul figlio che sul padre. Su, non fatevi dire quel che non è necessario che sentiate, e date col mio il vostro consenso a queste doppie nozze.

ARPAGONE È necessario, perché mi pronunci, ch'io veda la cassetta.

CLEANTE La vedrete, integra e intatta.

ARPAGONE Non ho denaro da dare ai miei figli per il loro matrimonio.

ANSELMO Non importa, ce l'ho io per entrambi; ciò non deve inquietarvi.

HARPAGON Vous obligerez-vous à faire tous les frais de ces deux mariages?

ANSELME Oui, je m'y oblige; êtes-vous satisfait?

HARPAGON Oui, pourvu que pour les noces vous me fassiez faire un habit.

ANSELME D'accord. Allons jouir de l'allégresse que cet heureux jour nous présente.

LE COMMISSAIRE Holà! Messieurs, holà! tout doucement, s'il vous plaît: qui me payera mes écritures?

HARPAGON Nous n'avons que faire de vos écritures.

LE COMMISSAIRE Oui! mais je ne prétends pas, moi, les avoir faites pour rien.

HARPAGON Pour votre paiement, voilà un homme que je vous donne à pendre.

MAÎTRE JACQUES Hélas! comment faut-il donc faire? On me donne des coups de bâton pour dire vrai, et on me veut pendre pour mentir.

ANSELME Seigneur Harpagon, il faut lui pardonner cette imposture.

HARPAGON Vous paierez donc le Commissaire?

ANSELME Soit. Allons vite faire part de notre joie à votre mère.

HARPAGON Et moi, voir ma chère cassette.

ARPAGONE Vi impegnereste a sostenere le spese dei due matrimoni?

ANSELMO Sì, mi prendo l'impegno; siete soddisfatto?

ARPAGONE Sì, purché per le nozze mi facciate fare anche un abito.

ANSELMO D'accordo. Godiamoci ora l'allegrezza che questo giorno felice ci dispensa.

COMMISSARIO Alto là! Signori, alto là! un po' di pazienza, per favore: chi mi paga[11] per le scritture?

ARPAGONE Non abbiamo niente a che fare, noi, con le vostre scritture.

COMMISSARIO Certo! ma non ho nessuna intenzione di averle fatte per niente.

ARPAGONE Per tutto compenso, vi consegno quest'uomo perché venga impiccato.

MASTRO GIACOMO Ma insomma! che cosa si deve fare? Mi prendono a bastonate perché ho detto la verità, e vogliono impiccarmi perché ho mentito.

ANSELMO Signor Arpagone, dobbiamo perdonargli questa impostura.

ARPAGONE Pagherete voi il Commissario?

ANSELMO Facciamo anche questa. Andiamo a partecipare a vostra madre la nostra gioia.

ARPAGONE Ed io, corro a vedere l'amata cassetta.

NOTE

ATTO I

1 *dipendente*: Valerio si è fatto assumere da Arpagone come *intendant*, che era una specie di amministratore dei beni e sovrintendente a tutte le faccende di una casa ricca.

2 *guida*: il termine *conduite* è usato da Molière nel suo senso etimologico, da *conduire*, 'condurre'.

3 *far debiti*: la forma riflessiva *s'engager* significava anche impegnarsi con un creditore.

4 *Dimmi... denaro*: queste due frasi si intendono pronunciate «a parte».

5 *Eccole*: la battuta, mancando di didascalia, è incomprensibile. Molière non rinuncia alla trovata, che risale a Plauto, delle mani in soprannumero, luogo comune del teatro comico; ma non dice come deve comportarsi Freccia quando risponde: «Eccole». La tradizione vuole che Freccia, avendo prima mostrato le palme, ruoti le mani per mostrarne il dorso. Ma Charles Dullin (op. cit.) raccomanda all'attore di non fare alcun gesto.

6 *I taccagni, i pitocchi*: come sostantivo, *vilain* indicava il contadino, come aggettivo la sua supposta grettezza e tirchieria. *Ladre* designava un avaro particolarmente sordido. Il termine deriva da Lazarus, il mendico che sedeva alla porta del ricco nella parabola del Vangelo di San Luca. Lo stesso termine indicava anche il lebbroso e *ladrerie* la lebbra.

7 *E se... capo*: l'accenno di Freccia al proprio *bonnet* 'berretto' consente ad Arpagone di rifargli il verso con *barrette* (che indica ogni sorta di berretta, cardinalizia, da notte ecc.). Ma *parler à sa barrette* significa fare una rimostranza, un rimprovero a qualcuno. Si cerca di rendere il gioco con analoga locuzione italiana.

8 *zoppo*: Molière fa riferimento all'attore che interpretava la parte di Freccia, suo cognato Louis Béjart, che era zoppo.

9 *osavamo*: Cleante dice *feignions*, da *feindre* 'fingere, simulare', che significava anche, alla latina, forgiare o immaginare o appunto temere.

10 *orrendo*: l'aggettivo *étrange*, in Molière come in Corneille e negli altri scrittori del secolo XVII, ha spesso significato peggiorativo; indica qualcosa di non consueto ma nella direzione del brutto e del terribile. Si veda anche Valerio nella scena 1: «*autoriser des choses plus étranges*»; ed Elisa nella scena 2: «*Suis-je, mon frère, une si étrange personne?*».

11 *eleganza sfarzosa*: in verità *équipage* sarebbe l'insieme di ciò che usava un aristocratico per muoversi in città (carrozza, cavalli, cocchiere, servitori ecc.). Arpagone attribuisce al figlio abitudini che questi non poteva certo permettersi. La sua accusa è quindi più iperbolica di quanto non risulti in traduzione.

12 *stringhe*: per collegare un indumento a un altro si usavano, prima che si inventassero i bottoni, delle fettucce che avevano le estremità di metallo. Queste fettucce, negli abiti eleganti, venivano occultate sotto nastri sgargianti, che avevano pertanto un puro scopo ornamentale; di qui la protesta di Arpagone.

13 *uno per dodici*: all'interesse di un denaro ogni dodici prestati. In termini attuali, l'8,3 per cento. Per un usuraio come Arpagone, si trattava di un interesse abbastanza contenuto, atteso che il tasso ufficiale era del 5 per cento. La pistola era una moneta d'oro, dello stesso peso del luigi, e valeva 11 franchi, o 11 lire. Franco e lira avevano lo stesso valore, ma il primo era d'oro, la seconda d'argento (si chiamava anche libbra perché in origine pesava una libbra d'argento). La lira, come il franco, valeva 16 soldi. Il soldo valeva 15 denari. Molière scrive *soldo* nell'antica grafia: *sol*.

14 *Eh?... borsa*: anche questa frase è da intendersi pronunciata «a parte».

15 *non solo... titolo*: si ricorre a una circonlocuzione per rendere la differenza fra *gentilhomme* e *noble*. Il primo è colui che appartiene a una casata aristocratica illustre; *noble* è invece colui che si fregia semplicemente di un titolo nobiliare, che potrebbe anche essere comprato oppure ottenuto per meriti particolari. Finezza di Molière, Arpagone dà maggiore importanza al titolo in sé che alla nobiltà storica della casata.

16 *Non vorrei... soldi*: la frase si intende pronunciata «a parte».

17 *E adesso... rimostranze*: Valerio si è rivolto a Elisa. Il resto della battuta è invece detto ad Arpagone.

18 *Sì... probità*: la battuta è diretta a Elisa, che è già uscita e che Valerio si appresta a raggiungere.

ATTO II

1 *mignatte*: traduce *fesse-mathieu* che alla lettera significa «sculaccia-Matteo», dove Matteo è l'apostolo, che prima di seguire Gesù era pubblicano, ossia esattore dei tributi. I pubblicani, essendo collaboratori del governatore romano e non alieni da abusi, erano odiati dal popolo israelita e considerati alla stregua delle meretrici. Di qui l'analogia fra Matteo e l'usura. *Fesse-mathieu* si dice per eufemismo, quando non si vuole pronunciare a chiare lettere la parola usuraio.

2 *uno per diciotto*: il 5,5 per cento, un interesse quindi onestissimo.

3 *uno per cinque*: il 20 per cento.

4 *che Giudeo, che Arabo*: Giudeo perché per tradizione gli usurai erano ebrei (e nel fenomeno non è estranea la Chiesa, che proibiva ai cristiani di prestare denaro a interesse); arabo vuol dire la stessa cosa ma in una accezione più estesa, di tiranno, di aguzzino in generale.

5 *più dell'uno per quattro*: più del 25 per cento. Infatti al 20 per cento del prestatore (apparente) di secondo intervento, si doveva aggiungere il 5,5 per cento del prestatore ufficiale, ossia in totale il 25,5 per cento.

6 *mille scudi rimanenti*: i tremila franchi (o lire) di differenza sarebbero stati dati in scudi: mille, poiché lo scudo valeva tre franchi (o tre lire).

7 *punto di Ungheria*: era un punto di ricamo su mussolina (sottile tessuto di cotone), quindi qualcosa di non particolarmente prezioso.

8 *sargia di Aumale*: la sargia è un tessuto di lino o di lana, particolarmente adatto per tendaggi. Aumale è una cittadina della Seine Maritime. Non risulta che i tessuti di Aumale fossero particolarmente apprezzati, ma tutto l'elenco dell'usuraio, che raggiunge livelli incomparabili di comicità, denuncia una sottile intenzione di imbonimento.

9 *liuto di Bologna*: indica semplicemente (come la sargia di Aumale della nota precedente) che proveniva da Bologna, ma il particolare viene sottolineato come se i liuti bolognesi avessero chissà quali pregi. Tutta la conoscenza che in questo secondo atto Molière dimostra delle consuetudini degli usurai è fondata sull'esperienza diretta. Coinvolto nel fallimento dell'Illustre Théâtre e conosciuta la prigione, Molière non finirà mai di fatto di pagare i debiti e verosimilmente di ricorrere a prestiti usurari.

10 *Panurgo*: il famoso personaggio del *Pantagruel* di Rabelais. «Era di ricco e nobile lignaggio ma le avventure a cui si espongono le persone curiose lo hanno ridotto in tale penuria e indigenza» (*Pantagruel*, cap. IX).

In Molière, i servitori sono spesso acculturati quanto i loro padroni (si veda più avanti l'erudizione mitologica della mezzana Frosina). Molière si rivolgeva a una corte raffinata e non si preoccupava di coerenze sociologiche. Quando decideva di essere più realistico, creava macchiette, come nel *Don Giovanni* (II, 1), in cui Charlotte e Pierrot, contadini, parlano il *patois* dei dintorni di Parigi.

11 *Oh!... padre*: Freccia e Cleante entrano in scena in questo momento, e parlano senza essere visti, né intesi, da Arpagone e mastro Simone.

12 *Ah!... questo?*: mastro Simone si è rivolto a Cleante. Il resto della battuta è diretto invece ad Arpagone.

13 *Sei tu*: nella collera, Arpagone dà del tu al figlio, come farà per tutta la commedia, ogni volta che si adira con lui.

14 *È opportuno... denaro*: Arpagone rivolge la battuta a se stesso; quindi esce.

15 *Se lo dici tu*: traduce *Je suis votre valet*, 'Servitor vostro', una formula di cortesia che si usa anche per dare ironicamente ragione, e quindi garbatamente torto, alla persona con cui si sta parlando.

16 *mungono*: il verbo originale *traire* vuol proprio dire mungere; suona volgare, quantunque un po' meno che in italiano. Si cerca di attenuarne la pesantezza modificando un poco il resto della proposizione.

17 *Turco*: non significa specificamente avaro ma, come il precedente Arabo, piuttosto e più in generale tiranno, uomo crudele.

18 *fiera*: una delle due fiere parigine, di Saint-Germain (fine inverno, inizio di primavera) o di Saint-Laurent (estiva).

19 *orzo perlato*: l'orzo era di moda presso le donne perché si riteneva che facesse ingrassare (effetto allora non ritenuto disdicevole) e mantenesse colorita e tonica la pelle.

20 *trenta e quaranta*: gioco d'azzardo, in uso ancora oggi.

21 *Adone?... figlio*: la cultura mitologica di una mezzana come Frosina è sorprendente, soprattutto per la citazione di Cefalo, il giovane cacciatore amato da Aurora, mentre è più comune il riferimento ad Adone, giovane amante di Venere, e ad Apollo, dio giovane e bello per antonomasia. Priamo e Nestore sono due classici «vecchi» dell'*Iliade*: il primo è il re di Troia, il secondo di Pilo; questi partecipava alla guerra troiana dalla parte dei Greci e Omero ne decanta la saggezza. Saturno è il padre di Giove ed

è rappresentato tradizionalmente come un vegliardo. Anchise, come racconta Virgilio nel secondo canto dell'*Eneide*, fuggì da Troia, dopo la caduta della città, sulle spalle del figlio Enea.

22 *garzoncelli... pelo*: nell'originale *blondins*, che vuol dire biondini (come *rouquin* si chiama il giovane coi capelli rossi e *brunet* quello coi capelli scuri), ma si usa metonimicamente per designare qualsiasi giovanottino intraprendente. È un termine caro a Frosina, che lo ripeterà due volte nella scena quarta dell'atto terzo.

23 *gallinelle*: si traduce in questo modo *poule laitée*, espressione argotica secentesca di difficile interpretazione (gallina allattata?) e che comunque designava un individuo un po' sciocco e pettegolo.

24 *aggrovigliato*: era di moda portare la camicia arruffata e un po' stazzonata sul petto.

25 *catarro*: nel testo «flussione», nome con cui la vecchia medicina indicava il patologico accumularsi di umori in una parte del corpo (nei bronchi in questo caso, nelle gengive in caso di ascesso dentario, e così via). In questa battuta e in quella successiva di Frosina, Molière attribuisce al personaggio la sua tosse tragicamente vera di interprete. Malato infatti di tubercolosi in una fase ormai avanzata (gli rimarranno quattro anni di vita), egli tossiva frequentemente in scena. Lo svolgersi della commedia gli offre l'occasione per dare coerenza scenica alla curiosa tosse di Arpagone e per fare episodicamente quell'ironia verso di sé che aleggia come un incubo su tutto il *Malato immaginario*.

26 *Arpagone... severa*: Molière scrive la didascalia anteponendola alla battuta, della quale è invece la conseguenza. Questo vale per tutte le didascalie successive della scena, che esprimono l'alternanza dell'atteggiamento di Arpagone. Il gioco scenico, che viene indicato all'inizio della battuta, deve invece essere inteso come realizzato alla fine di essa. Nelle edizioni del 1682 e del 1734, queste didascalie compaiono infatti, come sembra ovvio, alla fine delle battute alle quali fanno riferimento.

27 *terzana*: forma di malaria. Per febbre senza altra specificazione (*fièvre* nel testo) si intendeva spesso l'attacco febbrile determinato dalla malaria.

ATTO III

1 *Punizione interessata*: la battuta è «a parte». Il termine *politique* si diffonde proprio nel secolo XVII; in Molière viene però usato nel senso di

'calcolo interessato'. Si veda *Tartuffe* (IV, 1): «Dieu sait ce que d'abord tout le monde en croîrait! / À pure politique on me l'imputerait» (Dio sa quel che la gente si metterebbe in mente! / Imputerebbe il fatto a pura convenienza).

2 *Andate*: la battuta è rivolta a Claudia, che esce.

3 *promossi all'incarico*: in questo inizio d'atto, Arpagone riesce persino a fare dell'ironia divertita: ora «promuove all'incarico», come poco prima aveva «affidato l'incombenza» ed «eletto al governo delle bottiglie». È un tratto molto interessante di penetrazione psicologica: Arpagone non è un avaro tutto d'un pezzo ma vive talvolta la sua avarizia in maniera quasi ilare e con bagliori di autocoscienza.

4 *Siate... di fronte*: la battuta è rivolta a Stoccafisso, e si riferisce ai suoi pantaloni strappati.

5 *Arpagone... d'olio*: la didascalia precede, anziché seguire (come è già avvenuto in precedenza: vedi l'ultima scena dell'atto secondo e relativa nota 26), la raccomandazione che Arpagone sta per rivolgere a Gran d'Avena.

6 *fidanzata*: traduce *maîtresse*, che oggi indica piuttosto l'amante in senso adulterino, mentre nel secolo XVII e in quello successivo (soprattutto nel teatro di Marivaux) indicava qualsiasi donna amata, che l'uomo galantemente e convenzionalmente considerava sua «padrona», e in particolare la ragazza che aveva ricevuto una proposta di matrimonio.

7 *stupore*: la battuta è «a parte».

8 *vizio*: libera traduzione di *epée de chevet*, che alla lettera significa 'spada da guanciale' e si riferisce al fatto che la spada si teneva accanto al letto, pronta per ogni evenienza. Da *epée de chevet* nasce *livre de chevet*, locuzione oggi in uso anche fuori di Francia. La traduzione è libera due volte, nel senso che oltre a non essere letterale attribuisce ad Arpagone l'esplicita intenzione di considerare il denaro come il vizio dei suoi domestici.

9 *Minestre... portate...*: I puntini di sospensione indicano che mastro Giacomo sta facendo mentalmente il calcolo delle portate considerate indispensabili. Si vede subito come i pranzi, nel secolo XVII, fossero straordinariamente ricchi. Mastro Giacomo non sta esagerando, e non intende provocare Arpagone; questi, nello stupirsi, ha per una volta ragione. Nell'edizione del 1682 mastro Giacomo fa l'elenco delle minestre («zuppa di pesce, minestra di pernici al cavolo verde, minestrina della salute, mine-

stra d'anatra alle rape») e delle prime portate («fricassea di pollame, tortino di piccione, animelle di vitello, sanguinaccio e funghi»).

10 *Arrosti*: nell'edizione del 1682 mastro Giacomo, impietosamente, fa l'elenco anche degli arrosti: «lombata di vitello, tre fagiani, tre pollastre grasse, dodici piccioni di voliera, dodici polli ruspanti, sei conigli da riserva, dodici pernici, due dozzine di quaglie, tre dozzine di beccacce». Può sembrare strano che Molière non abbia pensato a un elenco di questo genere, che è consueto nel teatro comico e di sicuro effetto: si pensi ai riferimenti gastronomici che troviamo nella Commedia dell'Arte, più o meno relativi alla fame di Arlecchino. Nel *Barone di Birbanza*, Carlo Maria Maggi, contemporaneo milanese di Molière, affida ad Arlecchino che sta per andare in esilio un nostalgico addio alla patria, che si risolve in un patetico ricordo di manicaretti lombardi. Nel secolo successivo, i cibi entrano trionfalmente, e con l'apprezzamento che deriva dal nominarli, nel teatro di Carlo Goldoni. Ma forse Molière non voleva allungare eccessivamente la scena, già fin troppo infarcita; e probabilmente, da avveduto uomo di teatro, tenne conto di avere già sfruttato l'effetto degli elenchi nella prima scena del secondo atto.

11 *Hai capito?*: la domanda è rivolta a mastro Giacomo; poi Arpagone torna a parlare con Valerio.

12 *avaro... sanguisuga*: vedi nota 6 dell'atto primo e nota 1 dell'atto secondo.

13 *Viene... pochino*: questo brano, naturalmente, è «a parte».

14 *Non c'è... che tenga*: traduce *Il n'y a ... pour un double* che significa 'l'argomento con cui tenti di convincermi non vale un soldino'. *Double* è il doblone, monetina di rame che valeva due denari.

15 *in tutto e per tutto*: l'originale *pour tout potage* significa 'per tutto nutrimento' e metaforicamente «in tutto e per tutto». L'espressione contiene tuttavia, nel presente contesto, una sottile componente di scherno, rifà il verso a mastro Giacomo, che ha tanto parlato di *potage*, 'minestra'.

16 *orrendo*: traduce *étrange*. Vedi nota 10 dell'atto primo.

17 *giovanottino*: vedi nota 22 dell'atto secondo. Frosina ripete lo stesso termine quattro battute più avanti.

18 *desiderabile*: negli scrittori del Seicento e del Settecento, segnatamente in Marivaux, *aimable* non indica la persona gentile, di buone maniere, ma alla lettera la persona di bell'aspetto, della quale ci si può innamorare.

19 *brutto*: di nuovo *étrange* nel senso che si è detto.

20 *Voi... mesi*: Frosina riprende il motivo già introdotto da mastro Simone nella scena seconda dell'atto secondo. La morte di Arpagone sarebbe così provvidenziale che la speranza dell'evento diventa fede nell'evento stesso. È un tratto di grande poesia comica, di cui Molière sembra compiacersi.

21 *Come... fretta*: Arpagone si rivolge a Mariana riferendosi alla figlia.

22 *combinazione*: in questo caso *rencontre* non significa 'incontro fra due persone' ma, all'antica, 'circostanza fortuita'.

23 *circostanza*: vedi nota precedente.

24 *assicuro*: il verbo *promettre*, come il 'promettere' italiano in una sua antica accezione, significa anche assicurare, garantire e simili.

25 *Domanda*: oggi *demande* significa esclusivamente richiesta, desiderio, petizione; o, nella sfera commerciale, l'insieme delle ordinazioni; o ancora, in economia, la richiesta di un prodotto (in contrapposizione a *offre*, 'offerta'). Soltanto negli autori classici, in particolare in Molière, il termine conserva talvolta, come in questo caso, il senso puramente verbale-interrogativo che è dell'attuale *question*.

ATTO IV

1 *austero*: Molière usa *facheux* in un'accezione che suonava antica anche al tempo suo: indicava in positivo ciò che richiede sforzo e sacrifici. Fin dal Cinquecento tuttavia l'aggettivo venne ad assumere il significato attuale di increscioso, tale cioè da arrecare noia e dispiacere.

2 *opporti a un mio diritto*: nel testo è un modo di dire che si rifaceva alla caccia. *Brisées* (da *briser*, 'spezzare') sono i rami che il cacciatore divarica per inseguire la preda, e *aller sur les brisées* vuol dire sostituirsi a qualcuno, nel senso di fargli concorrenza.

3 *Voi*: Cleante.

4 *Lasciate fare a me*: questa frase è ancora diretta ad Arpagone, che mastro Giacomo non ha ancora lasciato.

5 *È... richieste*: la battuta è rivolta ad Arpagone, presso il quale mastro Giacomo è tornato.

6 *Tutto... promesse*: la battuta è rivolta a Cleante, che mastro Giacomo ha di nuovo raggiunto.

ATTO V

1 *interesse*: i commissari di giustizia venivano pagati, a cose fatte, dalle vittime dei delitti, che ad essi avevano fatto ricorso.

2 *assurdo*: questa volta *étrange* è usato nel senso consueto.

3 *cadesse*: proprio nel Seicento si cominciò a dire *tremper dans* per indicare l'incappare in un delitto; Molière usa un neologismo.

4 *Oh... cassetta*: la battuta è più che mai «a parte»; se Valerio la cogliesse si renderebbe conto dell'equivoco, che invece perdura. Anche i successivi riferimenti che Arpagone fa alla cassetta non devono essere uditi da Valerio.

5 *Infinita... sventura!*: traduzione a senso. *Rengrégement* indica aumento e peggioramento (dei mali) ma è termine ormai desueto e non più sancito dai dizionari.

6 *Quattro... audacia*: la prima parte della battuta è rivolta alla figlia, per la quale Arpagone prevede il convento; la seconda parte, che promette il patibolo, è diretta a Valerio.

7 *grave*: ancora *étrange*.

8 *incredibile*: sempre *étrange*.

9 *Questo... gravissimo*: la battuta è divisa in due proposizioni: la prima è diretta ad Anselmo e si riferisce al commissario; la seconda è diretta al commissario e si riferisce a Valerio.

10 *disordini... famiglie*: riferimento alla rivolta di Masaniello, del 1647; vent'anni dopo (la prima rappresentazione dell'*Avaro* è del 1668) il ricordo dell'impresa contro il viceré spagnolo era evidentemente ancora vivo anche in Francia.

11 *chi mi paga*: vedi nota 1, sopra.

INDICE

Garzanti i grandi libri

Letteratura greca

Aristofane	*Gli Acarnesi - Le Nuvole - Le Vespe - Gli Uccelli*
Aristofane	*Pace*
Aristofane	*Pluto*
Aristofane	*Le Vespe - Gli Uccelli*
—	*Bisanzio nella sua letteratura*
Callimaco	*Inni - Chioma di Berenice*
Demostene	*Filippiche*
Epicuro	*Come essere felici*
Epitteto	*Manuale*
Erodoto	*Le Storie: Libri I-II. Lidi - Persiani - Egizi*
Erodoto	*Le Storie: Libri III-IV. L'impero persiano*
Erodoto	*Le Storie: Libri V-VI-VII. I Persiani contro i Greci*
Erodoto	*Le Storie: Libri VIII-IX. La vittoria della Grecia*
Eschilo	*Orestea*
Eschilo	*Prometeo incatenato - I Persiani - I sette contro Tebe - Le supplici*
Esiodo	*Opere e giorni*
Euripide	*Alcesti - Ciclope*
Euripide	*Andromaca - Troiane*
Euripide	*Ecuba - Elettra*
Euripide	*Elena - Ione*
Euripide	*Eracle*
Euripide	*Eraclidi - Supplici*
Euripide	*Fenicie*
Euripide	*Ifigenia in Tauride - Baccanti*
Euripide	*Medea - Ippolito*
Euripide	*Oreste - Ifigenia in Aulide*
—	*Lirici greci*
Kavafis	*Poesie*
Longo Sofista	*Le avventure pastorali di Dafni e Cloe*
Luciano	*Storia vera e altri racconti fantastici*
Marco Aurelio	*Pensieri (A se stesso)*
Omero	*Iliade*
Omero	*Odissea*
Pindaro	*Olimpiche*
Platone	*Apologia di Socrate - Critone*
Platone	*Fedone*
Platone	*Simposio*
Plutarco	*Vita di Coriolano - Vita di Alcibiade*
Plutarco	*Vita di Demostene - Vita di Cicerone*
Porfirio	*Sentenze*
Procopio	*Carte segrete*
Procopio	*La guerra gotica*
Senofonte	*Anabasi*
Sofocle	*Aiace - Elettra - Trachinie - Filottete*

Sofocle	*Edipo re - Edipo a Colono - Antigone* ◫
Teocrito	*Idilli* ◫
Teofrasto	*Caratteri* ◫
Tucidide	*La guerra del Peloponneso*

Letteratura latina

Abelardo	*Storia delle mie disgrazie - Lettere d'amore di Abelardo e Eloisa*
Agostino	*Confessioni*
Agostino	*Soliloqui* (8)
Apuleio	*Della magia* (10) ◫
Apuleio	*Metamorfosi* ◫
Catullo	*Le poesie* ◫
Cesare	*La guerra civile* ◫
Cesare	*La guerra gallica* ◫
Cicerone	*Contro Catilina* ◫
Cicerone	*Della divinazione* ◫
Cicerone	*Difesa dell'attore Roscio - Contro Vatinio* ◫
Cicerone	*Difesa di Archia - Difesa di Milone* ◫
Cicerone	*Il sogno di Scipione - Il fato* ◫
Cicerone	*La vecchiaia - L'amicizia* ◫
Fedro	*Favole* ◫
Giovenale	*Satire* ◫
Livio	*Storia di Roma: Libri I-II. Dai Re alla Repubblica* ◫
Livio	*Storia di Roma: Libri III-IV. Lotte civili e conquiste militari* ◫
Livio	*Storia di Roma: Libri V-VI. Il sacco di Roma e le lotte per il Consolato* ◫
Livio	*Storia di Roma: Libri VII-VIII. Il conflitto con i Sanniti* ◫
Livio	*Storia di Roma: Libri IX-X. Il trionfo sui Sanniti* ◫
Lucrezio	*La natura* ◫
Marziale	*Epigrammi* ◫
Orazio	*Epistole* ◫
Orazio	*Odi - Epodi* ◫
Orazio	*Satire* ◫
Ovidio	*Amori* ◫
Ovidio	*Eroidi* ◫
Ovidio	*Metamorfosi* ◫
Ovidio	*Tristia* ◫
Petronio	*Satiricon* ◫
Plauto	*Anfitrione - Bacchidi - Menecmi* ◫
Plauto	*Aulularia - Miles gloriosus - Mostellaria* ◫
Plauto	*Casina* ◫
Plauto	*Casina - Pseudolo* ◫
Plauto	*Pseudolo* ◫
Sallustio	*La congiura di Catilina* ◫
Sallustio	*La guerra giugurtina* ◫
Seneca	*La brevità della vita* ◫
Seneca	*Lettere a Lucilio* ◫
Seneca	*Medea - Fedra - Tieste*
Svetonio	*Vita dei Cesari*
Tacito	*Agricola - Germania - Dialogo sull'oratoria* ◫

Tacito	*Annali* ◫
Tacito	*Storie* ◫
Terenzio	*Le commedie* ◫
Tibullo	*Elegie* ◫
Virgilio	*Bucoliche* ◫
Virgilio	*Eneide* ◫
Virgilio	*Georgiche* ◫

Letteratura italiana

Abba	*Da Quarto al Volturno*
Alfieri	*Filippo*
Alfieri	*Mirra*
Alfieri	*Saul*
Alfieri	*Tragedie*
Alfieri	*Vita*
Algarotti	*Viaggi di Russia*
Alvaro	*Gente in Aspromonte*
Aretino	*Ragionamento - Dialogo*
Ariosto	*Orlando furioso*
Bandi	*I Mille: da Genova a Capua*
Basile	*Lo cunto de li cunti* ◫
Beccaria	*Dei delitti e delle pene - Consulte criminali*
Belli	*Sonetti*
Bertolucci	*Le poesie*
Boccaccio	*Decameron*
Boccaccio	*Elegia di madonna Fiammetta - Corbaccio*
Boccaccio	*Trattatello in laude di Dante*
Boiardo	*Canzoniere*
Boiardo	*Orlando innamorato*
Boine	*Il peccato - Plausi e botte - Frantumi - Altri scritti*
Boito A.	*Opere*
Boito C.	*Senso - Storielle vane*
Bracciolini	*Facezie* ◫
Campana	*Canti Orfici e altre poesie*
Caproni	*Tutte le poesie*
Capuana	*Il marchese di Roccaverdina*
Carducci	*Poesie*
Carducci	*Prose*
Casanova	*Memorie scritte da lui medesimo*
Castiglione	*Il Libro del Cortegiano*
Collodi	*Le avventure di Pinocchio*
Croce	*Le astuzie di Bertoldo e le semplicità di Bertoldino*
D'Annunzio	*Alcyone*
D'Annunzio	*La figlia di Iorio*
D'Annunzio	*Notturno*
D'Annunzio	*Novelle*
D'Annunzio	*Il piacere*
D'Annunzio	*Poesie*
D'Annunzio	*Prose*
Dante	*Commedia - Inferno*
Dante	*Commedia - Purgatorio*

Dante	*Commedia - Paradiso*
Dante	*Convivio*
Dante	*De vulgari eloquentia* □□
Dante	*Monarchia* □□
Dante	*Le rime*
Dante	*Vita nuova*
Da Ponte	*Memorie - Libretti mozartiani: Le nozze di Figaro - Don Giovanni - Così fan tutte*
De Amicis	*Cuore*
De Amicis	*Sull'Oceano*
Deledda	*Canne al vento*
Della Casa	*Galateo*
De Marchi	*Demetrio Pianelli*
De Roberto	*L'illusione*
De Roberto	*La paura e altri racconti di guerra*
De Roberto	*I Viceré*
Dossi	*L'Altrieri*
Dossi	*La Desinenza in A*
Dossi	*Vita di Alberto Pisani*
—	*I Fioretti di san Francesco - Le considerazioni sulle Stimmate*
Fogazzaro	*Daniele Cortis*
Fogazzaro	*Malombra*
Fogazzaro	*Piccolo mondo antico*
Fogazzaro	*Piccolo mondo moderno*
Foscolo	*Le poesie*
Foscolo	*Ultime lettere di Jacopo Ortis*
Goldoni	*Gli innamorati - I rusteghi - La casa nova - Le smanie per la villeggiatura*
Goldoni	*La locandiera*
Goldoni	*Memorie*
Goldoni	*I pettegolezzi delle donne - La locandiera - Il campiello*
Goldoni	*Il servitore di due padroni - La famiglia dell'antiquario - La bottega del caffè*
Goldoni	*Sior Todero brontolon - Le baruffe chiozzotte - Una delle ultime sere di carnevale*
Gozzano	*Un Natale a Ceylon e altri racconti indiani*
Gozzano	*Poesie*
—	*Gozzano e i crepuscolari*
Gozzi	*Fiabe teatrali*
Guicciardini	*Ricordi*
Guicciardini	*Storia d'Italia*
Imbriani	*I romanzi*
Leonardo	*Favole e facezie*
Leopardi	*L'amore nelle prose e nei versi*
Leopardi	*Canti*
Leopardi	*Operette morali*
Leopardi	*Pensieri*
Leopardi	*La vita e le lettere*
Lorenzo de' Medici	*Poesie*
Luzi	*La passione*
Luzi	*Le poesie*
Luzi	*Poesie ultime e ritrovate*
Luzi	*Teatro*

Machiavelli	*Mandragola*
Machiavelli	*Il Principe*
Machiavelli	*Il Principe e altre opere politiche*
Maggi	*Rime Milanesi*
Manzoni	*Adelchi*
Manzoni	*Il Conte di Carmagnola*
Manzoni	*Lettere sui Promessi Sposi*
Manzoni	*I promessi sposi*
Manzoni	*Tutte le poesie*
Marin	*Poesie*
Metastasio	*Opere*
Michelangelo	*Rime*
Nievo	*Confessioni di un italiano*
Novelle italiane	*Il Duecento - Il Trecento*
Novelle italiane	*Il Quattrocento*
Novelle italiane	*Il Cinquecento*
Novelle italiane	*Il Seicento - Il Settecento*
Novelle italiane	*L'Ottocento*
Novelle italiane	*Il Novecento*
Oriani	*Vortice*
Parini	*Il Giorno - Le Odi*
Pascoli	*Poesie*
Petrarca	*Canzoniere*
Pirandello	*Colloquii coi personaggi e altre novelle*
Pirandello	*Così è (se vi pare) - Il giuoco delle parti - Come tu mi vuoi*
Pirandello	*Enrico IV - Diana e la Tuda*
Pirandello	*L'esclusa*
Pirandello	*Il fu Mattia Pascal*
Pirandello	*Liolà*
Pirandello	*Lumie di Sicilia*
Pirandello	*Novelle per un anno: Donna Mimma - Il vecchio Dio - La giara*
Pirandello	*Novelle per un anno: In silenzio - Tutt'e tre - Dal naso al cielo*
Pirandello	*Novelle per un anno: La rallegrata - L'uomo solo - La mosca*
Pirandello	*Novelle per un anno: Scialle nero - La vita nuda*
Pirandello	*Novelle per un anno: Il viaggio - Candelora - Berecche e la guerra - Una giornata*
Pirandello	*La nuova colonia - Lazzaro - I giganti della montagna*
Pirandello	*Pensaci, Giacomino! - 'A birritta cu' i ciancianeddi - Il berretto a sonagli*
Pirandello	*Quaderni di Serafino Gubbio operatore*
Pirandello	*Sei personaggi in cerca d'autore - Ciascuno a suo modo - Questa sera si recita a soggetto*
Pirandello	*L'umorismo*
Pirandello	*Uno, nessuno e centomila*
Pirandello	*I vecchi e i giovani*
—	*Poesia dialettale dal Rinascimento a oggi*
Poesia italiana	*Il Duecento*
Poesia italiana	*Il Trecento*
Poesia italiana	*Il Quattrocento*
Poesia italiana	*Il Cinquecento*
Poesia italiana	*Il Seicento*
Poesia italiana	*Il Settecento*
Poesia italiana	*L'Ottocento*

Poesia italiana	*Il Novecento*
Poliziano	*Stanze - Orfeo - Rime*
Polo	*Milione*
Porta	*Poesie* ◫
Pulci	*Morgante*
Rosselli	*Le poesie*
Rovani	*Cento anni*
Salgari	*Capitan Tempesta - Il Leone di Damasco*
Stuparich	*Ritorneranno*
Svevo	*La coscienza di Zeno*
Svevo	*I racconti*
Svevo	*Senilità*
Svevo	*Teatro*
Svevo	*Una vita*
Tasso	*Gerusalemme liberata*
Tasso	*Teatro*
Tommaseo	*Fede e bellezza*
Tozzi	*Con gli occhi chiusi*
Tozzi	*Il podere*
Tozzi	*Tre croci*
Vamba	*Il giornalino di Gian Burrasca*
Verga	*I Malavoglia*
Verga	*Mastro-Don Gesualdo*
Verga	*Le novelle* I
Verga	*Le novelle* II
Verga	*Teatro*
Vico	*Autobiografia - Poesie - Scienza Nuova*

Letteratura francese

Alain-Fournier	*Il grande Meaulnes*
Apollinaire	*L'Eresiarca & C.* (2)
Balzac	*Addio - Il figlio maledetto - El Verdugo*
Balzac	*Il colonnello Chabert - Un episodio durante il Terrore*
Balzac	*La cugina Bette*
Balzac	*Il cugino Pons*
Balzac	*Eugénie Grandet*
Balzac	*Ferragus*
Balzac	*Illusioni perdute*
Balzac	*Gli impiegati*
Balzac	*Il medico di campagna*
Balzac	*Papà Goriot*
Balzac	*La pelle di zigrino*
Balzac	*La ragazza dagli occhi d'oro*
Balzac	*La ricerca dell'assoluto*
Balzac	*Sarrasine*
Balzac	*Splendori e miserie delle cortigiane*
Balzac	*Storia dei Tredici*
Balzac	*Studio di donna - Il messaggio - La donna abbandonata*
Baudelaire	*I fiori del male* ◫
Baudelaire	*Paradisi artificiali* ◫
Baudelaire	*Lo spleen di Parigi* ◫

Bertrand	*Gaspard de la Nuit*
Chateaubriand	*Atala - René*
Constant	*Adolphe*
Corneille	*Il Cid*
Daudet	*Lettere dal mio mulino*
Diderot	*La monaca*
Diderot	*Il nipote di Rameau - Jacques il fatalista*
Diderot	*Teatro*
Dumas	*Il conte di Montecristo*
Dumas	*La donna dal collier di velluto*
Flaubert	*Bouvard e Pécuchet*
Flaubert	*L'educazione sentimentale*
Flaubert	*Madame Bovary*
Flaubert	*Salambò*
Flaubert	*Tre racconti*
Gautier	*Mademoiselle de Maupin*
Gautier	*Racconti fantastici*
Gide	*L'immoralista - La porta stretta*
Gide	*Isabelle - La sinfonia pastorale*
Gide	*Paludi - I nutrimenti terrestri*
Holbach	*Il buon senso*
Hugo	*Ernani - Il re si diverte - Ruy Blas*
Hugo	*I miserabili*
Hugo	*Notre-Dame de Paris*
Hugo	*L'uomo che ride*
Huysmans	*Controcorrente* (3)
Laclos	*Le relazioni pericolose*
La Fayette	*La principessa di Clèves*
Laforgue	*Moralità leggendarie*
Lamartine	*Graziella*
Lautréamont	*I canti di Maldoror - Poesie - Lettere* ◫
Lesage	*Storia di Gil Blas di Santillana*
Mallarmé	*Poesie e prose* ◫
Marivaux	*Il gioco dell'amore e del caso - Le false confidenze* ◫
Maupassant	*Bel-Ami*
Maupassant	*Forte come la morte*
Maupassant	*Pierre e Jean*
Maupassant	*Racconti e novelle*
Maupassant	*Una vita*
Mérimée	*Carmen - Colomba*
Molière	*L'avaro* ◫
Molière	*Il borghese gentiluomo* ◫
Molière	*Don Giovanni o il Convito di pietra* ◫
Molière	*George Dandin ovvero il Marito umiliato* ◫
Molière	*Il malato immaginario* ◫
Molière	*La scuola dei mariti* ◫
Molière	*La scuola delle mogli - La critica della Scuola delle mogli* ◫
Molière	*Il Tartufo - Il misantropo* ◫
Montesquieu	*Lettere persiane*
Musset	*Le confessioni di un figlio del secolo*
Némirovsky	*Il ballo*
Némirovsky	*I doni della vita*
Némirovsky	*Jezabel*

Némirovsky	*Suite francese*
Nodier	*I demoni della notte e altri racconti*
Prévost	*Manon Lescaut*
Proust	*Un amore di Swann*
Racine	*Britannico - Bajazet - Atalia* ◫
Racine	*Fedra* (4) ◫
Radiguet	*Il diavolo in corpo - Il ballo del conte d'Orgel*
Renard	*Pel di carota - Storie naturali*
Rimbaud	*Opere in versi e in prosa* ◫
—	*Romanzi medievali d'amore e d'avventura*
Rousseau	*Le confessioni*
Sade	*La filosofia nel boudoir*
Sade	*La nuova Justine*
Saint-Exupéry	*Il piccolo principe*
Stendhal	*Armance*
Stendhal	*La Certosa di Parma*
Stendhal	*Cronache italiane*
Stendhal	*Dell'amore*
Stendhal	*Lucien Leuwen*
Stendhal	*Passeggiate romane*
Stendhal	*Ricordi di egotismo*
Stendhal	*Il rosso e il nero*
Stendhal	*Vita di Henry Brulard*
Stendhal	*Vita di Napoleone*
Thomas	*Tristano e Isotta*
Verlaine	*Poesie* ◫
Verne	*Ventimila leghe sotto i mari*
Vigny	*Poemi antichi e moderni - I destini* ◫
Voltaire	*Candido - Zadig - Micromega - L'ingenuo*
Voltaire	*Dizionario filosofico*
Voltaire	*Trattato sulla tolleranza*
Zola	*L'Assommoir*
Zola	*La conquista di Plassans*
Zola	*L'opera*
Zola	*Teresa Raquin*
Zola	*Il ventre di Parigi*

I titoli contrassegnati con numero tra parentesi sono pubblicati su licenza degli Editori:

(1) Mursia
(2) Guanda
(3) Scheiwiller
(4) Mondadori
(5) Longanesi
(6) TEA
(7) Città Nuova Editrice
(8) UTET
(9) Ponte alle Grazie
(10) Zanichelli

◫ Titoli con testo a fronte

Finito di stampare nel mese di marzo 2020
da Rotolito S.p.A.

I GRANDI LIBRI